像小王子一樣
反應與思考

史蒂芬・加尼葉　著
何桂育　譯

方舟文化

Stéphane Garnier

Agir et penser comme Le Petit Prince®

獻給加盧和薩努，親愛的小王子們

À Galou et Sanou, Chers petits princes.

獻　詞

贈書是表達愛意的行為……

這個作品獻給你，

也許是傳遞訊息的機會，

把訊息傳給所愛的人。

因為個人訊息比作者的獻詞更有價值。

我將這本書獻給

……………………………………………………

因為

……………………………………………………

……………………………………………………

……………………………………………………

……………………………………………………

……………………………………………………

目錄 SOMMAIRE

目錄 SOMMAIRE

前言

《小王子》的許多研究都著重在其中的寓意。試圖解析作者聖修伯里放在書中的某些符號或隱藏的含義是有意義的，讓讀者對《小王子》有不同的解讀。

對我來說，我想專注於小王子本人，還有他的話語、他的疑慮、他的追求、他的價值觀和他的夢想，以及他所投射出的想法。

重點不是在文本中理解什麼，而是我們想理解什麼。

《小王子》代表一種和我們不同，但我們可以擁有的生活態度。

除了作者之外，我還關注書中的人物，我想理解他們生活的動力和動機，以認識這個小人兒，這個魔法師，是如何在某個時刻感動、觸動、誘惑、迷惑和激勵我們所有人，就算我們的年齡、文化或語言不同。

最後，在重新閱讀《小王子》的過程中（我已經很久沒重讀了），我最終接受了他的想法。剩下的就是讓這些想法融入我的生活，這就是我在此向大家提出的。

我們如何擁有小王子的一部分，而我們卻都忘記了這個部分？

閱讀本書之前

請在左頁寫下你童年時的夢想、渴望和願望……當你在思考未來的生活時。

不要說謊，也不要忘記你曾經許下的最真誠願望，記住你昨天最想要的東西。

就算它今天對你來說似乎是無法觸及的月亮！

CHAPITRE 1

在雲端

所有的大人都曾經是個孩子，可是很少大人記得這件事。

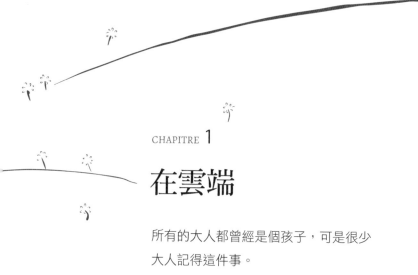

我第一次讀《小王子》是什麼時候？我不記得了。

跟大家一樣，我知道我以前讀過《小王子》……但隨著時間流逝，《小王子》在我心中留下了什麼？我第一次了解小王子要跟我說的話是什麼時候？此外，它在我接下來的人生中又留下些什麼？

第一次讀《小王子》。絕對是第一次，不用懷疑。

肯定是在我長大前。在我開始懂事講道理前。也是在我涉足這個成人世界前，那是世人強加給我、推銷給我的現實世界。

我已經忘記第一次讀《小王子》是什麼時候。

「很久很久前，有一個小王子」，就算聖修伯里從來沒想過用這句話來開始寫這本書。今天，為這本書加上「很久很久前」這句開場白，是為了賦予它一些魔力和我們都有過的夢想，並且仍然相信魔法真的存在。

《小王子》不只是一本書。它除了享有在世界各地翻譯成三百種語言或方言的盛大成功，也在我們的童年形塑了我們人生的一小部分。多年來我們有時決定盡可能遠離這人生的一小部分，好一有機會就大步踏上大人的道路。

這是條成為大人的道路，但更有甚者，這條路隨著我們前進也越來越難以違抗。

一開始，當我們童年邁出第一步時，路旁遍布樹木、花朵、鳥兒和草地。隨著年齡增長，沿路兩側開始出現矮牆，再往前走，則是不斷長高的樹籬。

然而，成長的道路必須前進，無法回頭，也不可能偏離，更沒有回到過去的時光機。這條道路筆直地持續前進。

矮牆之後，木柵欄與圍籬一路展開，直到第一道覆蓋著常春藤的石牆前，然後石頭一塊一塊地往上堆疊。

牆越蓋越高，過了幾個小時之後，這些高牆所產生的影子也越來越大，投射在牆面上。以致太陽開始沒辦法再照耀我們、溫暖我們。我們越前進，就越沒有選擇，也越遠離我們兒時世界的故事與魔法。

一切都變得講求規矩、量化、論證、邏輯、真實、具體、可實證……一切都必須在棋盤上有其意義，可以在方格中安置、填補、移動。

成年後，這時只有聖多馬*不朽的願景占據心中，不斷地重複：「我只相信我看到的。」

魔法早已失靈。

這和《小王子》的世界完全相反，和我們童年的經歷相反，是我們創造歷史、想像的世界、怪獸、神祇、國王、王后、征服世界，為了讓我們的童年世界在我們的眼中變得更美麗、更厲害、更偉大和更燦爛。

譯注

聖多馬（Saint Thomas），《新約聖經》中耶穌的十二門徒之一，他不相信耶穌重生，直到看見耶穌手中的傷口才相信。

《小王子》流傳至今，對每個人來說，他是曾經身為孩子的軌跡。是長大之前，最深層的自己。

《小王子》此刻仍讓人一再重讀，是我們與昨日兒時的自己對話的哲學之石。

如果我願意，這顆哲學之石可以再次改變我對世界、對生命的看法。這顆對我心志產生影響的神奇石頭，改變了這些讓成年人道路越來越狹隘的灰色高牆，為這道牆鑲上金線做成的花邊，好讓陽光再度穿透它們，照耀在金色螺旋裝飾上，讓光芒可以再次閃耀，溫暖這條人生道路和未來的歲月。

黃金不是鎖在保險箱裡失去光澤的。黃金是可以播種再收穫的，就像《小王子》至今仍傳誦不已，世人永遠不會忘記它。

我們能否找回仍在我們身上沉睡的孩子？

如果可以，如何找回？

如果小王子對你打開了他內心的旅行筆記……讓你再次找到自己的路，並在這個有時瘋狂的世界重拾孩子般的目光？

Agir et penser
comme
Le Petit Prince®

我的小王子告訴我

要有足夠的自我才會知道如何保持童真……或者就是愛自己。

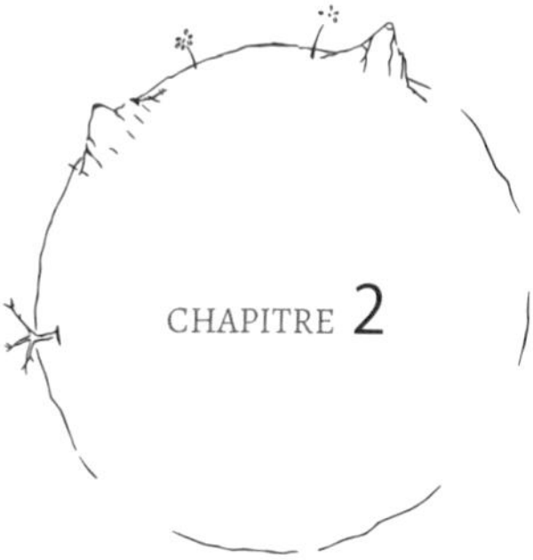

CHAPITRE 2

像小王子一樣，用不一樣的眼光看世界？

地球可不是顆普普通通的星球！

我住在貝諾鎮（Beynost），鎮公所前的廣場發生過兩次栗子大戰，當時我年紀最小，當牧師催促我們去教堂上教理課的時候，就跟所有孩子一樣，我腦中出現無數問題。

其中一個問題始終困擾著我。

因為我們才剛上過無數次《舊約聖經》和《新約聖經》，就像《聖經》未來也可能被拋棄，是時候再戰鬥了，下課鐘聲響起，我的同學們都離開教室。我假裝收拾東西，轉身在神父走出教室前問他：「如果上帝創造了一切，祂是否創造了整個世界？」

是的，這位盡責的神父回答我。

「那整個宇宙也是嗎？」

是的，神父又回答我。

「可是……宇宙之外，還有什麼？」我又問他。

神父猶豫了一下，沉默不語。直到今天，我仍在等待這個無法得到的答案。

《像小王子一樣反應與思考》，首先要改變自己看待周遭世界、人事物的眼光。

《像小王子一樣反應與思考》，是接受我們從小到大學到的一切，就算不全部是錯的，但也只有一半是真的。

我們所有人都有同樣的缺點：相信隨著人生歲月的累積，我們的身心也跟著成長。

的確對某些人類創造和發展的概念與知識是如此，但對自己周遭世界的理解卻不然。

這種敏銳、敏感、先天的認知，事實上隨著年齡的增長，我們漸漸地失去部分，甚至全部。

在我們成長的過程中，我們以為自己越來越接近知識的高度，越來越接近智慧的天空和星星，事實上，我們永遠無法觸及它們，卻離地面越來越遠。

這就是小王子提醒我們的訊息：在成長過程中，我們獲得的智慧與知識，無法填補和取代孩子感知世界的魔力，而這種孩子才能感受到的罕見的美正在遠離我們。

就像在《小王子》書裡，大部分的孩子只看到對或錯，黑或白，笑容或眼淚……但長大之後，開始對一切產生懷疑、迷惑和妥協。

所有大人的世界都變成了灰色的調色盤。我們也習慣了……好或壞，但是……

分不清好或壞是值得嚮往的嗎？甚至在最糟糕的情況下，什麼都可以解釋、合理化、寬恕、理解、容忍？

如果有這些必要和可接受的灰色地帶，那麼看到這些生活中的細微差別就是一種力量，無論是在人際關係、政治、愛情、職場、環境生態還是個人領域，往往都有著多變的色彩。

這不再是我們四周可以接受的藍色，而是用一顆暗綠色的栗子來點綴我們生活的色彩。這個腐敗、發霉的顏色，最後會在我們真誠的情感和最誠實的信念中冒出來。

這是優柔寡斷又毫無生氣的顏色，是那些因為懷疑而將頭埋進沙裡，生活在否定中的成年人的顏色。

所以不再有粉紅色，不再有日落的金黃色，不再有《小王子》書裡沙漠中央清澈的水，因為花朵已經枯萎，水已乾涸，巨大的灰色雲朵聚集在一起，遮擋在光明之星前面。

如果……

如果我們努力像小王子一樣，再次觀察這個世界會怎樣？

我們會看到什麼？會發生什麼？

或許我們害怕用孩子般的目光投向我們自己建立的世界。或許我們不敢看到我們累積、購買和爭取的這些短暫和無用的東西而犧牲對我們，和我們時代真正重要的東西。然而，童年不過就在不久之前。

躲在成年人「無所不知」、有經驗等等的狀態很容易，可以避免戴上我們童年的眼鏡，不用想起自己曾經的夢想，也不用想起曾經重要的人。

當我們已經走得太遠，很容易相信自己什麼都知道，以至於忘記在孩子眼中創造幸福是件簡單的事。

如果……

有人敢在片刻間用喜悅的目光回望曾經走過的路？

或許負荷沒那麼重，曾經犯下的錯誤也沒那麼重要。

如果我們可以用孩子的眼光看待我們的過去，不就可以為未來贏得一切？用自己的心意來決定明天，不是比較簡單？

如果你有小孩，做一個簡單的測試：告訴孩子你生活中的一件小趣事、一個你人生中需要做重要決定的時刻、換工作、搬家……然後問孩子，如果換作是他，他會怎麼做？

孩子很可能透過問你幾個簡單的問題以權衡利弊。這些問題只在乎最後有沒有讓自己有個開心的結果，而沒有其他因素或論點。

孩子甚至很可能會問你一些問題，這些問題因為太過於簡單，所以你在做決定時沒有想到。生活中的必然有時會因為從孩子的嘴裡說出來而被看見。

理性的、經過思考又成熟的決定，不一定總是正確的決定，因為這些決定自動忽略微妙的、感覺的、個人特有的心理轉折，那是只有孩子的眼光才能察覺到的。

☆ 旅行筆記

戴上孩子的眼鏡觀察世界、理解世界並做出選擇。

我的小王子告訴我

面對人生，我們全是新手、初學者。認為自己不是的人，其實他真的就是。

CHAPITRE 3

像小王子一樣，有決心和毅力？

固執、頑強，當小王子沒有得到他想要的東西時，他仍繼續堅持，就像他的綿羊或他問題的答案。

他會堅持到達成目的，直到他知道答案。他從不放棄，不管是什麼主題，就像對點燈人或商人。就算每個答案都無法說服他，令他困惑，或看起來沒用，但現在他知道，不管他重視或不重視這些答案，有一件事是肯定的，一旦得到他想要的東西，他就會繼續前行。

除了好奇心，這也是一種尋找的形式。而小王子不打算放棄他的渴望和他對答案的渴求，直到他找到答案為止。

堅決地想知道，堅決地想理解，堅決得到他想要的，在這種模式運作下，小王子向我們展現他如何行動，一種我們也可以做到的方式：下定決心……直到達成目的。

這看起來很簡單。僅僅得到想要的東西就夠了嗎？

你可能認為，就這樣……

是的，有的時候就是這麼簡單。

如果你清楚知道自己想要什麼……聽小王子怎麼說：

「請……請你畫一隻綿羊給我……」

「……」

於是我就畫了。

他仔細地看了看，然後說：

「不！這隻羊病得太重了。

請幫我另外畫一隻。」

我又畫了一隻。

我這位朋友笑得親切，語帶寬容：

「你看……這不是綿羊，是一隻牡羊，牠長著犄角……」

於是我重畫了一幅。可是就像先前的那些，它又被拒絕了。

「這隻羊太老了，我想要一隻能活很久的羊。」

這時候我不耐煩了，因為我急著要拆開引擎檢查，於是就隨便畫了這張圖。然後說：

「你要的綿羊就在這個箱子裡面。」

我驚訝地看到這位小鑑賞家的臉亮了起來：

「這正是我要的！」*

在這個段落，小王子不只希望為他畫一隻羊，他還很清楚知道自己想要的是什麼樣的羊。

飛行員因此重新畫了好幾幅，以盡可能地接近小王子想要的樣子。

作者注

出自《小王子》第二章。

那一刻，他其實非常擔心並忙於思考如何修復他的飛機以再次啟航，奇怪的是，他卻聽從了金髮男孩的要求，因為小王子非常清楚自己要帶回星球的羊是什麼樣子。

透過要求飛行員送他的禮物，小王子將夢想實現在他想要的高度上，而不是現實世界和可能性的高度。他用盡力氣與方法讓對方完成自己設想，並且也滿意的作品。

我們是否像小王子一樣，知道自己要的是什麼？非常明確地知道自己要什麼？

就像我們小時候那樣？像列聖誕禮物清單一樣列出來？

我們是否能像小王子一樣，確切知道自己的想望，並不滿足於此？

他孩子氣的要求其實展現一股真正的力量：那是一種不在意時間的寧靜力量。

一股寧靜的力量，不帶侵略性，卻有不為所動的意志、信念與決心，再次要求飛行員畫出滿意的作品。

一股無時無刻不在的力量。一種我們很難長時間抵抗而不得不屈服的力量。

讀這篇文章的家長知道我在說什麼，當他們想起孩子在某些時候表現出執拗的態度而不願意放手的時候。

不必生氣，也不用發火就能達到……只要堅持你想要的，毋須改變。

小王子為我們的日常生活上了有趣的一課，有時候，為了讓事情進展較快，我們會說：「這樣就差不多了！」

當我們的要求不夠明確，甚至不堅持自我，以及自己的慾望或品味時，我們如何能滿足於結果，滿足於我們得到的？

做任何事都像小王子一樣有決心與毅力，不是能讓我們的計畫更快前進，生活更進步？

這很簡單，非常簡單，幾乎是小菜一碟……堅定地堅持，最後，完全不偏離你的目標，實現它。

☆

旅行筆記

下定決心，永遠不要偏離你的追求，你的道路。

我的小王子告訴我

當我們一無所有時，一切都有可能。

CHAPITRE 4

像小王子一樣，從現實世界中抽離？

小王子不屬於飛行員的世界，他來自另一個星球。

所以他可以忽視支配我們這個世界的規則，他有將自己從周圍現實中抽離的能力。

你還記得嗎？所有小孩都能用堅固的城堡、汽車、娃娃、紙箱和繩子創造出許多想像的世界？跟許多人一樣，當時我和姊姊一起玩，我們用一塊一塊的石頭建造我們的世界。這是根據我們的想望和規則所運作的世界。為了我們想像中的故事，我們毫不質疑這個世界的規則，彷彿一切都是真的。當沒有什麼是被禁止的，當萬事皆有可能，當只有我們需遵守這個如此真實的想像世界的規則，我們擁有的想像力量是無限的。

我們兒時都有過這種權力的感覺，我們曾經是支配想像世界的主人……仔細想想，比現在更能自主。我們以前都像小王子，有將自己從周圍環境、從約束、從主觀的現實中抽離的能力

如果……

如果我們又變得像小王子一樣富有想像力和創造力會如何？

你是否曾經想過，如果我們童年創造的世界變成現實？這個世界用各種方法努力地存在著，看不見，但是存在於某個地方……它是否變成另一個現實的一部分？我們都聽過平行世界、蟲洞、宇宙的曲率或時間尺度……如果……我們真心的相信，在我們讓王子和公主相遇的那一刻，我們的軍隊成功地解放了被惡勢力占據的那一刻，這些都真實的出現在另一個地方？

這就是小王子能將這些可能性視為現實的力量。

這是我們兒時所擁有的力量，可以將我們從周遭的世界抽離，按照我們最強烈的慾望，重新創造一個更好的世界。

這個我們以前靈活發展的創造力，今天使世界的道路像我們渺小的生命都在同一尺度上彎曲？

我認為這是一個簡單的語意差異，我們曾經擁有的能力以及我們童年的想像力所產生的後果，在今天稱作「投射力」。

如果我們像小時候一樣，能夠將自己投射到自己渴望的夢想世界，那麼，透過把自己投射到其中，這個願景將影響現實世界的歷程，讓它為我們的渴望服務，直到創造出最符合我們想像的全新現實世界。

能夠像小王子一樣從現實世界抽離，就能為自己創造另一個世界。

人生中沒有什麼是一成不變的，一切取決於意志、夢想和我們想投射其中的人生轉折點，因此，在某些時候，我們想像中最美的景象成了我們周遭世界和人生的真實照片。

☆旅行筆記

「知道從世界中抽離，就是建立自己的世界。」

Agir et penser
comme
Le Petit Prince®

我的小王子告訴我

成為天使……只是為了能夠飛行。

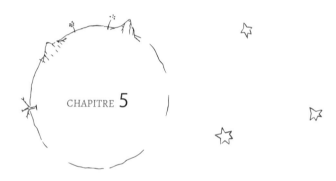

CHAPITRE 5

像小王子一樣，
分辨緊急與重要的事？

如果說「拖延」和「仁慈」這兩個詞近年來在生活的各個領域，無論是職場或個人都成為非常流行的用語和主題，那麼毫無疑問，聖修伯里已在字裡行間體現了這些個人發展的支柱。

不要拖到明天，並且知道如何在我們的日常工作中辨別緊急與重要的事。說和寫很簡單……但是實踐呢？在我們的日常生活中實踐？我們還有能力這麼做嗎？

當小王子警告我們要注意這個小星球上的猴麵包樹的迅速繁殖時，他直接指出不要忽視我們生存的根本，而不是我們的快樂。

樂趣，無用之事，以及在生活表面上占據我們時間的一切，占據了如此多的比重，而且我們還如此重視它們，以致我們很難分辨什麼是愉快的、必要的、有趣的、重要的或是對我們有用的。

小時候，當我和父親一起去木工廠，我的首要任務就是站在刨光機、帶鋸機、打磨機和其他大型機器後面，當木屑和刨花裝滿袋的時候，我就要換一個袋子。那是像人一樣大的「袋子」，實際上是比我個子還高的管子，必須在頂部打結才會變成一個袋子，我必須雙臂環抱它們才能把這些袋子拿到外面，放在棚子下。

跑腿小助手的工作，辛苦又費力，尤其是在那個年紀。然而，這是工廠順利運作的必要工作。如果這些袋子滿了，機器就會進入「緊急」狀態，無法再切割或刨削木材。

而工廠的當務之急是為客戶生產家具，櫃子、書櫃和廚具等等，讓公司得以運營。但重要的是確保家具能夠生產出來，為此，機器必須能夠運作。這只是工廠其中一個環節，但以我當時的年紀來說，這是很重要的任務：機器可以運作，袋子可以裝木屑，地毯上沒有木屑，這樣木匠們可以生產，師傅們可以到客戶那兒安裝這些小藝術品。

我這個小孩在這個地方有自己的位置，參與工廠裡工作的重要部分，而不是緊急的部分。我想起已經離開的伯納和羅伯總喜歡把我塞進很難爬出來的木屑堆裡，看我笑著爬出來。

我今天是否仍能在每日的事務中，辨別緊急與重要？沒有什麼是不確定的。這是我重讀《小王子》時想到的事。

「什麼是你做的事中最重要的？每天寫作嗎？」我的小王子問我。

「照顧自己。」我回答。

他告訴我：「你沒有做這件事。」

試著分辨日常生活中緊急和重要的事，即使在這一點上，跟許多人一樣，我仍不知道如何完全聽從和追隨小王子。

你呢？在你的生活中，什麼是最重要的，什麼是最緊急的？你能分辨嗎？

什麼是我們生活中需要注意以免被其入侵的猴麵包樹？

永遠不要忘記顧及最重要的事情，正如小王子提醒我們的。我們絕不能把對自己最重要的事推遲到明天。

☆ 旅行筆記

「重要的事讓緊急的事發生，相反的情況卻不存在。」

Agir et penser
comme
Le Petit Prince®

我的小王子告訴我

西洋棋中最重要的不是棋子或角色，而是棋局。

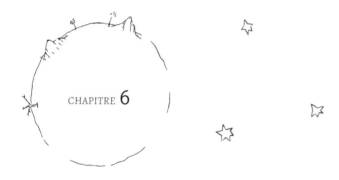

CHAPITRE 6

像小王子一樣善待自己？

如果你能好好評斷自己，你就是真正的智者。

為了追逐夕陽，小王子有一晚在他的星球看了四十三次日落，他很清楚需要培養什麼才能讓自己同時獲得快樂和平靜。

在他的小行星上，沒人支配他的慾望或快樂，他自行決定是否將椅子移動幾公尺，好觀看下一次日落。沒有流行，沒有規定，沒有媒體或雜誌煽動他去做他認為對自己好的事情。

自由主宰和判斷自己的快樂，小王子不需要誰的建議就能創造自己的愉悅。

他知道自找樂趣，享受一切，更重要的是，他知道追隨自己的渴望，像他觀看無數次療癒又撫慰人心的夕陽，正如敘述者在小王子和點燈人相遇時最後說的，「小王子不敢承認的是，他之所以捨不得離開這顆得天獨厚的星球，是因為這裡每二十四小時有一千四百四十次日落。」*

作者注

出自《小王子》第十四章。

我們在日常生活中是否經常善待自己？來自責任、家庭和工作的一切不斷將我們拉往各個方向，直到我們在眾人的要求和個人的私慾中被撕裂？

傾聽我們生活裡的回聲，很明顯的，我們花在忍受的時間比善待自己還多。對於為自己做點事，我們經常把這個問題放到後面，等下次假期去希臘克里特島，如果有放假的話。

最後，除了我們，是誰阻撓我們花點時間想想自己，做些有益自己的事？

此刻，請像我一樣：關掉你的手機（你已經半年沒這麼做了），然後用心觀看、傾聽……

沒人知道你在做什麼，沒人可以聯繫你，沒人知道你在哪裡，沒人可以打擾你的世界，你的時刻和你。你獨自一人。你很好。此刻只需要用你喜歡的事物來點綴，用音樂，用閱讀，用白日夢，用食譜，用一點園藝，用適合你的活動……切斷電話，就在此刻的空間裡，讓自己舒適自在。

無論你是在何時讀到這篇文章，我請你試試看。就是現在，不要等一下。試試看，並再來一次。

像小王子一樣善待自己，就算不是一切完美，也試著為自己做點什麼。對自己好，不只是獲得利益和享樂，重要的是「知道」善待自己，就像小王子治癒他的創傷。隨著時間流逝而解脫，為昨天的傷口擦上藥。就像小王子，夕陽可以緩解他的悲傷，我們應該也在生活中培養出可以療癒我們心靈的喜好。

現在你關上手機，也關上打斷你思考的螢幕，你難道沒看到，在遠處，在你的內心深處以小小影像悄悄浮現的渴望？

是不是你的小王子試著跟你說話？還很難聽到他的聲音，他被深深地隱藏，你已經很久沒有和兒時的你對話了……然而，這些影像難道不代表一些想望，一些未獲得滿足的慾望？多愉快的時刻，他溫柔地向你輕聲訴說。

你聽……你的小王子只想給你最好的。溫柔地好好照顧他，就是善待你自己。

☆ 旅行筆記

「如果我們無法讓自己幸福，就無法使人幸福。」

我的小王子告訴我

我們永遠不知道什麼時候是我們最後一次看到人，大自然或動物。

CHAPITRE 7

像小王子一樣
保護夢想？

擁有夢想並且深切地相信這個夢想……我們的日常不是漫長而平穩的長流，擁有夢想並相信它，可能是困難的。

擁有夢想，就是在生活中畫出一條道路，唯一的目的就是創造自己的幸福，不迷失在與我們無關的道路上，不受到周圍的影響，無論對方多麼好心，想引導我們走向另一個方向，走向不屬於我們的人生。

在這趟旅程，只要追隨我們的星星，我們的夢想就可能受到打擊，有意無意間，我們的夢想遭受批評、嘲笑、阻撓，種種攻擊不期而至。我們必須無視它們，讓它們像天鵝羽毛上的水滴般滑落。

沒有什麼能讓我們懷疑自己的夢想，讓我們偏離為了實現夢想而選擇的道路。

如果我們的夢想消失，就像小王子失去他獨一無二的玫瑰花一樣，所有星星也跟著滅亡。

夢想是我們一生的財富，就像童年時的祕寶箱，匯集了我們所有的珍寶，對我們是如此珍貴。這個我們小心收藏在閣樓或房間的寶箱，為了不被人發現，也沒人可以搶走它。這個寶箱是我們小時候的一切，我們知道要保護它。

當我們在成人世界的數字和分類中航行，穿梭在所有義務和禁制間，夢想就變成我們最珍貴的資產，像童年的寶箱，它是無價的。

我們都有夢想，就算我們不總相信它會成真。我們必須對它懷抱信心。為了不破壞它，永遠不要忘記保護它，這樣它才會在你心靈的祕境綻開，最終成為現實。

就算你是唯一看到、感受並理解其重要性的人，也沒關係，因為它只跟你有關，只和你的幸福有關，只與你的追求和生活有關。

如果多年來，它是引導你的牧羊人之星，毫無疑問的，它將成為你為自己創造幸福人生的關鍵。

只有你能理解，只有你知道。

永遠不要讓別人踐踏你的夢想，並且永遠小心遠離那些錯誤的思想、言論和知識。

你也可以玩這個實現童年夢想的遊戲。

我誠摯地邀請你這麼做。

這本書一開始，有個「閱讀本書之前」的單元，請你寫下當時所有的夢想，包括最瘋狂、最怪誕的夢想。現在請你回去看看那一章，並加入一些你現在記得的童年願望。小王子沉浸式狀態的陪伴，有時可以幫助我們回想起被我們封藏的東西。

最後，何不把這份清單變成未來的快樂行動計畫？舉例來說，何不設定目標，每年實現這個清單上的一個夢想？只是為了讓自己開心，為了每年喚醒你的小王子。

做夢，追求夢想，現在我們賦予夢想生命，把它安置在我們的現實生活中。

同樣地，永遠不應該扼殺別人的夢想，嘲笑別人的夢想。因為我們永遠不知道是什麼驅使這些夢想，以及和我們分享夢想的人在現實生活中的需求。

無論是對自己還是他人，都要保有和保護夢想，並長期培養它。

保護你的夢想像保護自己的孩子一樣，因為只有它才能鮮活地證明，在你內心深處裡，你曾經的小王子依然存在，他只是在等待被公開的那天到來。

旅行筆記

「當孩子們有夢想時，他們會許願，然後願望成真。」

我的小王子告訴我

要走得更遠，往往要挑戰自己的未來，而不是接受命運。

CHAPITRE 8

像小王子一樣懂得愛？

用眼睛是看不見的，必須用心去尋找。

很奇怪的，像每個人都能在自己的愛情故事中意識到的那樣，愛的感覺這看似自然而簡單的東西，並不是生活理所當然提供給我們的，我們只是隨機抓住，而不了解它是如何運作。正如小王子提醒我們的，愛是學習來的。

小時候，我記得一場很感人的婚禮。教堂裡座無虛席，我感受到出席者的心緒，這讓我熱淚盈眶。奇怪的是，這種感覺四十年後也沒有消失，去年秋天，有一對朋友結婚，我很辛苦地強忍住淚水。幸福的眼淚，抑或羨慕的淚水，我不知道。

兒時的那場婚禮，新人交換誓詞後，相擁而吻。那一刻，我的小腦袋僵住，喃喃自語：「怎麼辦？我長大後要在大庭廣眾下親吻我愛的人。在大家面前？我做不到……」

這個想法困擾我很久。

這兒時的恐懼，我從來沒有跟誰分享過。直到多年以後，終於可以在別人的視線下交換一個簡單的吻而不在意，在親吻的那一刻忘記自己所在的時間和地點。這也就是愛：在初戀的心動中發現這種孤獨存在世界上的感覺。

大部分的人都知道不同的愛情故事和不同形式的愛情。從炙熱的愛情到毀滅、平靜舒適感覺中的安寧、遠距離戀愛、幻想、失去一點自我的心靈融合，有這麼多不同的愛情故事！

所有愛情都有個共通點：在我們不能抑制和引導的感情騷亂中學習了解自己和別人。面對那個毫無預警就進入我們生活的人，在我們已經準備好或還沒準備好的時候學習。這是適當的時機嗎？為什麼一切進行得如此簡單順利？或者相反，為何一切都這麼複雜、令人心碎？

無論故事進展得順利或坎坷，當愛情出現在我們生命的那一刻，我們就開始了解自己。我們以為知道自己是誰，我們以為知道自己如何反應……然而，沒有什麼像我們小時候想像的那樣發生……

在每一個故事裡，我們也必須面對他人的學習，在我們心中最私密的地方幻想著，這個陌生人，這個外國人。

這個和我們所塑造的形象不盡相同的人，甚至完全不一樣。我們以為認識了適合自己的人，但不管故事進展順利與否，我們經常發現，就像我們常常聽到的那樣：「至少現在我知道我不想要什麼。」

一個學徒……愛情是一條漫長的學習之路，不是必然，這個天上掉下來的禮物，我們只要打開它。

「我太年輕了，不懂得怎麼去愛。」小王子告訴我們，因為孩子面對愛情的巨大能力，就是知道如何質疑自己的錯誤，也知道如何請求原諒，當我們是大人時，常常將自己經歷過的錯誤歸咎他人。

愛情中有太多事需要學習：懂得給予，學會傾聽，懂得驚喜，懂得保持真誠，懂得有耐心……畢竟一段關係的開始並不會像我們以前發現或遇過的那樣進展。愛情不會一直維持不變，它會隨著我們的生活經歷和自身的改變而演變，而這些改變會隨著時間的推移導致一對情侶更親近，或者更疏遠。

像第一天那樣去愛，就已經懂得如何去愛。學著去愛真的只需要多一點時間、傾聽、謙卑、懂得原諒，以及耐心……就像孩子們面對突如其來的初吻時展現的耐心一般。

你還記得你的初吻嗎？

旅行筆記

「愛情是最美麗的旅程。」

我的小王子告訴我

對她而言，我只是一座祕密花園；
但對我來說，她是我的全部生命。

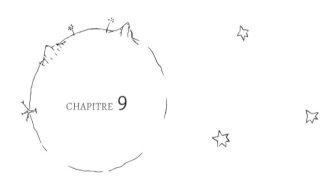

CHAPITRE 9

像小王子一樣，
知道如何翻頁？

不顧一切地飛翔，把過去拋在身後。當多年深植的習慣已成為生活中的基準時，就沒那麼簡單了。日常生活及其平衡就是這樣建立的。

當我們因為需要或慾望而被迫改變一切的時候，要為自己擴展和建立多年的整個人生翻頁，就不是那麼容易。

在遙遠的過去，我們許多前輩的生活不必經歷這樣的轉折，那時一切都規畫好了，從童年到婚姻，到為人父母的生活，再到死亡。不論好壞，就算常常想離開，想改變生活，但全都規畫好了，不可能擺脫……在與世隔絕的世界，無論社會階層、文化和國家如何，翻頁是罕見的例外。

因此，人類的歷史延續下去，一代又一代，重複著同樣的傳統，同樣的錯誤，傳承同樣的信仰、同樣的道理、同樣的社會或伴侶運作方式。

長久以來，這個世界以它的運作方式輪迴。只有幾個好奇的人、探險家、發明家、研究者試圖改變現有知識的發展，以他們的聲譽、他們在群體的身分和生命作代價。在過去，當你是農家子弟，幾乎不可能像翻頁般展開全新的生活。

今天，這個重複的系統，每個人都被困在生活的枷鎖，無論身分地位如何，幾乎沒有出口的生活已經結束。自由已經變成必然。存在的自由、留下的自由、改變的自由、離開的自由、翻頁的自由……多麼自由……

這些必然也在現實中帶給我們沉重的負擔和困難。儘管選擇和機會受限，但以前被生命引領的方式比現在自己選擇容易。我們只羨慕自己知道的。除了呈現在我們面前的生活框架和運作規則之外，沒有其他更令人嚮往的。當沒有其他事物出現在眼前，現實的一切不會讓人不愉快。

今天，一切都能知道，一切都能看到，一切都有可能，或至少看起來是，一切似乎都有可能。我們想要前往一個看起來更適合我們、更吸引我們的世界，即刻就可以改變。

這個世界已經成了「自助餐」，充滿可以參觀的地方、可以發現的行業、機會、際遇、快樂和潛在的愛情。只剩下……

只剩下現實中最複雜的部分，選擇。選擇並邁出第一步，從自己的習慣、過往的生活中翻頁，做出選擇。

像小王子一樣，因為離開就是知道你要留下什麼。也就是說在搬家的前幾天，在換工作的前幾天，對自己說：「這是我最後一次……」

翻頁並不是件容易的事情，但今天與過去不同，它是有可能的事。

當所有的禁制都廢除時，往往是我們的恐懼阻礙我們重新開始。

但我們的恐懼是很強烈的。如果有人能幫助我們邁出必要的第一步來翻頁人生，那就是童年的我們。從前這個小王子，規矩地坐在他的星球，像我們以前一樣，是夢想家，點燃所有可能，想像著其他的事情和旅行。現在這個小王子因為恐懼變得進退兩難、無法前進，聽不到可以讓他前進的聲音，可以驅動我們的聲音。

難道要等到人生的最後一天才後悔？難道要讓我們的朋友、兒時的自己無聊至死？

是否該為寫下自己人生的新頁而邁出第一步？那麼開始吧，跨出這一步！

旅行筆記

翻過這一頁，依然可以如你所要的書寫人生的故事。

我的小王子告訴我

總是在最後一天，我們才知道要留下什麼、獲得什麼、離開什麼。

CHAPITRE 10

像小王子一樣，不屈服也不敗壞？

擁有這些星星對你有什麼用呢？

儘管國王提出賜予小王子夕陽或讓他當司法部長，小王子不屈服於任何權力。不屈服、不敗壞，他無法想像這種可以讓君主制掌控他的偽權威，控制他該做什麼，想什麼，而且來自不統治任何東西的國王。

成年後繼續不順從，在生活中對自己的想法、行為和言論不妥協，這是……很龐大的計畫！有時候會很難堅持，承認吧！

然而，即使某些妥協對團體生活是必要的，我們是否必須在任何形式的權力面前妥協？違背我們的意願、我們的判斷而屈服？無論這種權力是警察、階級制度、政府、宗教、家族、政治……實際上這些權力只代表強者法則。強者法則不是我們在所有情況下都必須接受的法則。不斷地對社會權力卑躬屈膝只會在臨死前成為駝子。

在我很小的時候，我的奶奶因為我老是闖禍而教訓我，她用手指著我脖子上掛的吊牌譴責我：「小心點，小耶穌看著你！」

這個嵌飾在我受洗牌上的人物有著絕對的權力，祂可以隨時懲罰我……除非……

我拿起長鏈末端的吊牌，看了看，然後看看年邁的奶奶，我把吊牌轉到背後，回她說：「好吧，這樣祂就看不到我了！」

然後我繼續笑著搗蛋，奶奶則突然大笑起來。

當我們還是孩子的時候，把自己從權力中解放出來是多麼容易，多麼簡單，就像這段回憶一樣。後來，當宗教有時勸說我們鞭笞自己，要我們接受自責愧疚的嚴峻考驗，在砍刀前服從。我們在生活中無時無刻都要服從這個至高無上的權力，只要我們還是孩子，這個權力就僅存在吊牌上。

每個人都可以信教，這不是重點，這只是權力可以變得專制的例子，而我們隨時可以選擇不再服從，與它和平共存即可。

玩弄恐懼是如此容易，恐懼隨著我們的年齡增長而變大。所有形式的權力都利用我們對生死的恐懼為手段，這遠遠超出了宗教，當我們觀察到自己有時可以透過政治權力的壓力而放棄我們部分的自由，沒有更多的理由就屈服。

像小王子一樣不順從，並不是叛逆、狂熱、憤怒或報復，只是相信自己甚於一切，並遵循自己的道路。不害怕、不屈服，像他一樣，知道自由地留下或離開。

旅行筆記

永遠不要服從，除了服從你的夢想。

Agir et penser
comme
Le Petit Prince®

我的小王子告訴我

我相信人類無法掌控的事物，並懷疑來自人們的一切。

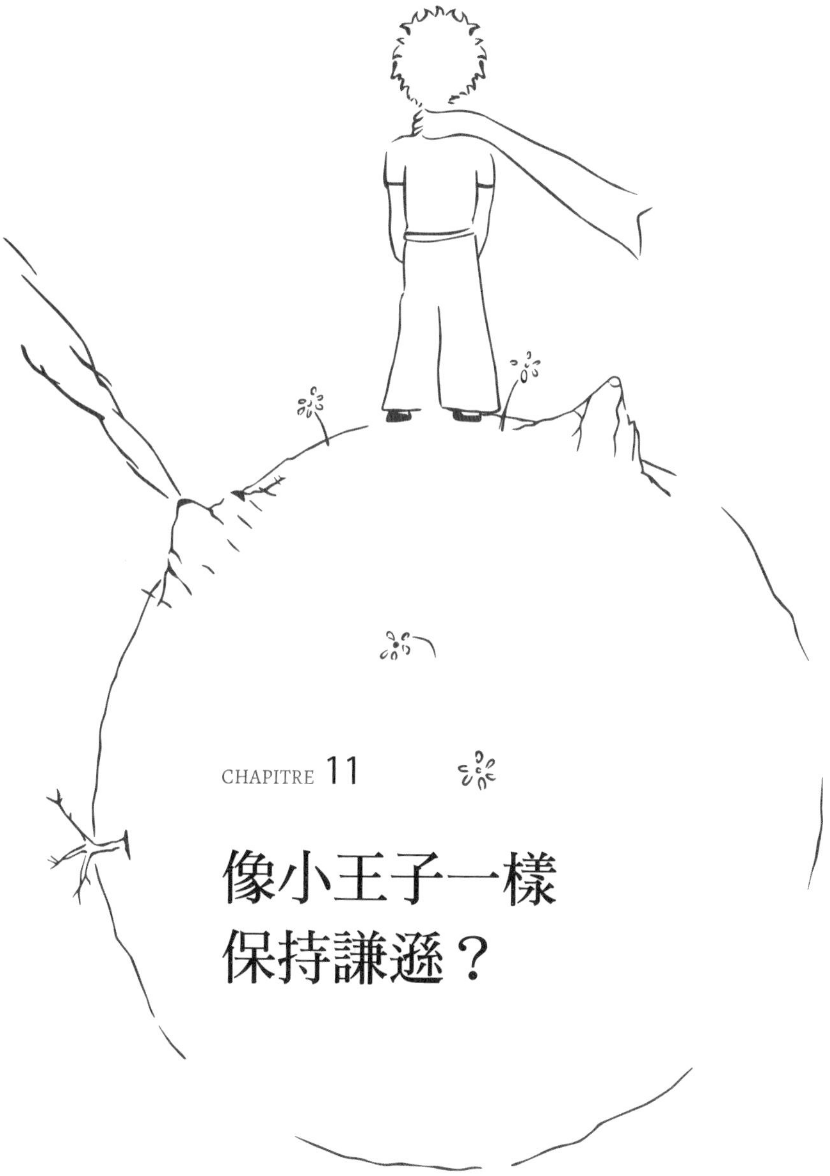

CHAPITRE 11

像小王子一樣
保持謙遜？

成年後，有些人錢賺得多……往往賺太多，也賺很快，太多錢、太多的榮耀，隨著天賦的展現和成功而來……但也往往得力於「神隊友」助攻或「貴人」相助，太容易和有力的環境，讓他們太輕易獲得成功。

當達到傑出又令人暈眩的高度，有時虛榮心會占上風，我們會以為自己很特別，而忘記成功的真正力量。

虛榮心作祟讓我們忘記使我們成功的原因，不是因為我們的天賦或知識，而是因為我們很「自負」！

為了成功而奮發工作較少帶來虛榮心，多的是謙虛的態度，因為曾經走過的路是如此狹窄，爬過的坡是如此險峻。

當我們竭盡所能，我們會精疲力竭，這是真的，但我們永遠不會變得虛榮。

幾年前有人對我說：「當你開始成功時，你會跟大家一樣有大頭症！」我不知道她當時是在說她自己，還是在說我。我嘲諷地回她：「在成功的情況下，為了保持平衡，頭和腳必要同時膨脹。」

成功的日子終於來臨，當我耕耘了這麼多年，一切開始萌芽，沒有虛榮感地慢慢成長。因為付出的代價高昂而第一次的收穫微薄，因此用謙虛的心態觀察和學習這些在各自領域達成夢想的人。

奇怪的是，我觀察到有這種成功水準的運動員、作家、發明家、音樂家、工程師、創作者或演員等，沒有人有虛榮心。因為付出了代價和渴望，還有努力超越自己，去建立與實現夢想。

後來我越來越少聽到這個人的消息，這個說為我感到高興的人，我試著打電話給她，她越來越少回覆。

這人最後慢慢地把我排除在她的社交圈之外。我後來才了解，問題出在她的個人投射。她歸因於我的「大頭症」，但事實上是她個人的投射。

我們也可以透過投射變得虛榮，毫無疑問，出於嫉妒。

奇怪的是，某些孩子可能在求學時就出現虛榮心了，就像成人的因素一樣，擁有太多卻付出太少。

托瑪就是這樣的人。他出身富裕的家庭，學校下課的時候，總是不停地向我們展示他收到的最新禮物，這個是因為他考試成績好、那個是因為他的生日而獲得……而大多數的禮物沒有任何原因就獲得。他總是有最漂亮的衣服、最好的書包、最新的玩具，但他什麼都沒做就擁有這些。

透過不斷地吹噓，向我們炫富，展示他在地球另一端的美好假期，並對別人的旅行車或露營活動嗤之以鼻，托瑪最終像所有自負的人一樣，當表演的魔力結束，就會在學校操場上孤身一人。

就像小王子拜訪的這顆星球，這個自負的人獨自在他的鏡子前孤芳自賞。

虛榮導致孤獨。只有謙虛才會在工作完成和計畫實現時贏得眾人的敬佩與尊重。

看看電視上展示的一日之星，他們販售的只有自己的塑膠感，實際上只是顆流星……之後就再也看不到。

沒有人會被貧乏和空虛所膨脹的虛榮心迷惑。就像我們心中的孩子，小王子不讓自己被震驚，也不讓自己被虛榮的遊戲吸引。

至於謙虛，如果我們在每日的事務中培養它，就像是我們的一部分，我們只期望看到一個美麗的靈魂綻放，誰都想跟這個靈魂交流，人人都想親近這個靈魂。

旅行筆記

保持謙虛，你會變得強大。

我的小王子告訴我

當我們自以為是某號人物時，我們就成了無名小卒。

CHAPITRE 12

像小王子一樣好奇、探索，對一切事物感到驚奇？

我們只能自己發現世界及其多采多姿，曇花一現也是必不可少的。

當我想到我的童年，我發現它和許多人的童年都有個共同點，也與你的童年，跟大家的童年一樣：渴望了解、發現、觸摸、嘗試，總之就是好奇。就像小王子一樣，永無止盡地透過問題尋找答案：

「綿羊如果吃灌木，那牠也吃花嗎？」

「綿羊遇到什麼就吃什麼。」

「連有刺的花兒也吃？」

「對，連有刺的花兒也吃。」

「那刺對花兒來說有什麼用呢？」*

今天我們還會對周遭世界如此好奇嗎？

作者注

出自《小王子》第七章。

日常生活、工作、各種義務、朋友、家庭、職業，全都在我們的生活占有一席之地……

我們還有時間每天保持好奇心又無憂無慮嗎？

尤其是，我們是否仍然花時間去發現，去感興趣，或者驚嘆一門學問、一個字、一股氣味、一種顏色或一個新材料？

耗時的習慣如此經常地填滿每一個小時，就算我們已經優化了我們的計畫，我們的時間……我們的人生。我們這麼做只是為了塞進一個新的習慣、一個新的限制、承擔一個新的例行性任務，沒有留下任何空間給幻想和好奇心。

時間繼續前進，但我們再也看不到它們。

每天晚上，蜜蜂都會伴隨夕陽回到蜂巢。我們覺得地球在群星間不斷舞蹈是正常的，就算要忍受人類，也幾乎從不停止。

一切都很正常，可以消化，沒有什麼是特別的，然而每一個讓花瓣綻放的新的一天，露水無比細膩地滴落在樹葉上，實際上是很壯觀神奇的，如果有一刻，我們用喝一杯咖啡的時間將鼻子靠近窗戶，看看這個世界每天都在發生的奇蹟，而不是在催眠的電視機前麻木自己。電視，這個播放一幕幕畫面的小小盒子，往往只提供了世界上最醜陋的面孔，或至少是人類做的最醜陋的事。

然而，拉開簾子和打開窗戶是多麼容易的事。就算所有的裝飾並不完美，不能跟無盡的蔚藍海面、連綿不絕的山脈和一座座鋼筋水泥建築的景物相比，儘管如此，這也是這個世界每天送我們的禮物，因為對我們來說，太陽已經升起。

小王子懂得觀看每一次日落，在他的小星球上，他移動椅子，在一天之中，他甚至能看到四十三次夕陽……

像他那樣知道如何認識世界的美，而不需要去批評它、侷限它，或是解釋它，只要懂得如何發現它，以便能盡快地陶醉和浸沐其中……

我們可以做到這點小事嗎？我們還能對這個沉睡在我們思想深處的小王子微笑嗎？

我們是否有能力再次牽起他的手，不是為了陪伴他，而是為了讓他成為我們明日的指引？

太陽……太陽色，我小時候就是這麼說黃色的。這讓老師笑了，她將我這個奇特的行為告訴我父母。

太陽色，我堅持這麼說。

誰都無法說服我。

即使到今天，這說法又浮現我腦海，黃色對我來說依舊不存在。

「尋找你的太陽，尋找你的太陽色，我的小王子不停告訴我……」

四十幾年後，我在海邊寫下這幾句話。

就像昨日，黃色在這裡並不存在，這裡只有太陽，只有太陽色，昨日之路終究帶我來到這裡。

☆ 旅行筆記

當我們知道如何觀看它，這個世界就會亮起來。

我的小王子告訴我

我喜歡的，都是毫無理由存在的東西。

CHAPITRE 13

像小王子一樣，
為自己擁有的感到富足？

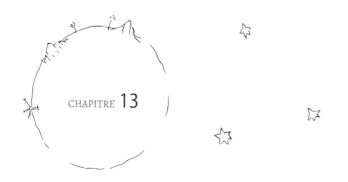

為我們已有的，還是為我們占有的而感到富足？

似乎很容易從有見地的成年人角度來解決這個問題，從宇宙哲學的角度論證「我們擁有的終將占有我們」，或者是「內在的富足是唯一有價值的」，最後得出結論：「知足常樂者擁有一切……」

這些是我們聽到、學到並傳遞的美好觀念。但事實上，我們是否在生活中實踐它們，是否每天應用在我們的生活裡？就人性而言，是否還有其他可能？

這裡我不想引起長期以來一直鼓動思想家、哲學家、傳教士和宗教人士的論戰。

這裡只有小王子對這個想法的觀點才算數。這裡唯一重要的是，作為一個孩子，我們評價富有的方式。

你還記得你的寶藏嗎？你的彈珠袋，你每次下課玩的時候都想把它變大？你還記得在操場上討價還價，交換遊戲卡的情景嗎？

孩子喜歡讓自己豐足和累積，但有時和我們之後成為的成年人之間有重大的差別：他們只累積和收集他們眼中看來有用的財富，而不是對世界有用的。

小孩有時候可能跟大人一樣，嫉妒他們在同伴身上看到，而自己沒有的東西。但最後，大多數時候，經過反省，嫉妒很快就消除了。除了反覆的任性，但這是非常特殊的情況，一般孩子喜歡他們所擁有的，他們所珍惜的，並且在大多數時間都非常滿足於此，因為他們的富有是經由他們渴望的選擇、培養和累積，而不是出於「必須」。

「這對我的火山有用，這對我的花兒有用，所以我擁有它們。」小王子重複說著。

這是他的感受，是他的生活方式。這就是為什麼這些財富使他快樂，因為在他眼裡，這些財富對他有用，就像他對這些財富有用一樣。

你昨日是否對自己擁有的東西感到滿意？就算是一點點，有時會？常常會的，因為這些財富在你眼中足以讓你快樂。在這個意義上，我們是富有的，因為建立起我們富裕的寶藏對幸福生活有用。

當我們還是孩子時，因為擁有的東西而富足，因為我們喜歡的東西而富有。

為什麼我們要不停累積那些對我們的幸福和快樂沒有用的東西？然而奇怪的是，這卻是我們有時候所走的路，當長大之後，我們開始累積為了「符合」、「表現出」、為了「追求最新的潮流」……總之，就是所有流行與社會要我們擁有以符合或仿效時代的標準。短暫而空洞的富有，沒有一個能滿足我們最真誠的願望，沒有一樣像我們小時候藏在枕頭下的小寶貝。

如果……再一次，我撇見沉睡在我們內心深處的小王子給我們的可能性。

如果……如果我們清空了我們的櫥櫃，如果我們將所擁有的小財富在大桌子上堆成一大落？坦白說，這些物件有哪些帶給我們真正的幸福？有多少對我們的快樂生活有幫助？

這在搬家時變得容易做到，就像我幾個月前經歷的那樣，到最後，為了新生活的開始，我塞滿好幾個垃圾袋。

就像孩子，在衡量我們的財富時毫不懷疑，只保留我們當下喜歡的東西，就這樣。

是否要像小王子一樣，衡量我們喜歡某樣東西的原因？我們把某些事物留在身邊的原因？

如果我們的富足無法為我們的幸福服務，就像我們偶爾可以為它服務一樣，那麼以孩童的觀點來看，它們就是無用的。

☆ 旅行筆記

為我們擁有的感到富足，就是為我們的所愛感到富足，最終也為我們自己感到富足。

我的小王子告訴我

問號是疑問，而它的形狀是半顆心。

CHAPITRE 14

像小王子一樣，做我們喜愛的工作，對所做的事感到有用？

你應永遠為你馴養的東西負責。

你要對你的玫瑰花負責……

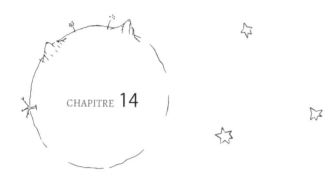

如果每個人的生命故事都是一章又一章的傳奇，那麼在最初的幾年，我們並不孤單地寫下第一冊。從襁褓到邁出第一步的孩子，我們的父母、我們的老師和身邊的人都是手握著筆，寫下各自故事的最初方向、最初個性和最初發現。

這些人生的第一卷，積累與填滿我們無從選擇的經驗和知識，但被引導著去發現、去嘗試。

因此，知識越多樣化、越豐富，未來的的可能性就越大。

想像我們可以在不了解的情況，在沒有對不同議題保持開放的態度下進行選擇，是一個圈套。當我們無所知的時候，就無從選擇，只能追隨我們多年來學習的單一領域。

我們當時只是個孩子，只能將當時面臨的經歷總和。

如果接下來沒有其他可能的開放思想，在大多數情況下，隨之而來的學習生涯將對應於這個孩子所浸淫的環境。結果就是這個大人將從他人生的第一卷第一章，他已經習慣的環境，開始投身職涯。

老師、醫生、律師、水手、建築工人往往就是在這樣的家庭及其影響下造就出來的。

然而，在童年和青春期，我們都在某個時候拿起了筆，越來越少受到外在影響而書寫自己人生的新篇章。

可能有一些緊張的時刻，在人們提供給我們的道路和我們受吸引的道路間存在著矛盾。然而，出於對我們喜愛的領域的無知和恐懼，我們持續在我們熟悉的道路上前行。而生活有時會把我們帶入一個世界，沒有自信、缺乏支持，做著實際上並不適合我們的工作。

你是否經歷過這種情況？或者你現在正經歷著，擁有某種知識，在一條康莊大道上從事某種行業，然而，你卻總覺得自己不屬於那裡，好像格格不入？

怎麼辦？對，當你想起幾年前自己曾經擁有又或許寫在日記裡的夢想、願望時該怎麼辦？祕密的夢想、藝術的夢想、一大桌美食的夢想、獸醫的夢想、旅行的夢想、建築的夢想、探索的夢想……然而今日，當務之急是按照時間達成公司的業績。

我是否喜歡我在現在職位上做的事？這個問題一旦出現，就會永遠不停地在我眼前徘徊。一個我們知道不得不回答的問題。這個問題可能需要時間，需要很多年才能回答，當一切都必須質疑，一切都圍繞著並按照這條道路建立。

我們是否要等到中年危機，出現改變人生的徵兆，這個我們重新規畫生活的重大轉折？又或許，趕緊重讀自己年輕篇章的第一頁，那是我們披著小王子的外衣所寫的？

在這些人生的頁面中，我們規畫去做一份我們熱中的工作，在其中我們感到自己有用……對自己有用，也對他人有用……這個我們當時化身的小王子很看重他所夢想成為的人，因為他在想像中把自己重疊在他想成為的人身上。

如果我們再次與昨日的夢想聯繫，與我們小時候的夢想聯繫呢？某些人可能認為：「都是些蠢事……」可能……只是為了現在讓自己放心，讓今天的自己放心，而不是未來。

我們年輕時的渴望不是憑空而來，我們遇到它們，我們依附它們，我們孕育這些渴望，而不像是白日夢，就像是我們在這世上想占有一席之地的直覺，這個世界就像個小宇宙般在我們面前展開。

當我們的小王子不停地在我們對生活長嘆一口氣時重複向我們說，我們搞錯了，我們的幸福在他方，在我們現在生活的另一端，但和我們童年的篇章完美融和時，改變、質疑永遠不會太晚。

如果你在生活中感到這股不安，請記住……並問問你的小王子，你真正的想望是什麼。

只有他知道，如果我們知道如何傾聽他。

☆ 旅行筆記

在你所做的事情上盡情付出。自由，就是做你喜愛的事。

我的小王子告訴我

當有人告訴你這是不可能的，請記住，他說的是他的極限，不是你的。

CHAPITRE 15

像小王子一樣留下印記？

「快寫信告訴我，他回來了……」聖修伯里的話在書的結尾處仍迴盪著，實際上，在某個地方，小王子從未離開。

我們內心深處的小王子一直在那裡，永遠都在。

我們可以把他忘記，他也可能會睡著，但他從未離開我們。

當我們「看到」自己長大，然後變老，要接受我們仍保有內心深處的孩子是很困難的。但是在接下來的歲月，我們只「看到自己」。

接受這個孩子是一門微妙的藝術，這個我們曾經身為的孩子，在我們的一生中，從未停止陪伴我們。讓我們建構出的成人謙卑地接受這個孩子。因為長大而驕傲，為自己變得聰明而自豪，為自己是大人而自我膨脹，把這個孩子流放到模糊的記憶中，就像被肢體被解離後「脫胎換骨」一樣，然而正是他用他小小的手臂撐起了後來我們成為的一切。

自我，自我，我聽到你心裡的回聲。正如我所說的，孩子所投射出的偉大精神造就現在成年的我們，我們要謙卑一點。我們欠他所有一切，因為今天我們所思所為，我們還夢想著什麼，都是他給我們的。

沒有他，我們會是誰？你會是誰？

在生活中，我們曾經的小王子為我們的今天留下深刻的印記，儘管我們有時難以接受這一點，因為我們認為自己已經以合理的方式建立和控制了生活中的環境、人際關係和社會功能。

留下印記，這個我們過去是開放、愛作夢又樂觀的孩子所留下的印記，這是當我們發現自己迷失在生活的叢林中，只有陽光是出口時，小王子送給我們的最終禮物。當我們為生活所苦，只有我們內心的小王子才能讓我們重新振作。

正是在這個活力的泉源中，在他留在我們靈魂深處的印記中，我們得以重生，充滿希望。

看清我們成人生活的脆弱，當有一點變化時，整個結構就會崩塌，我們只能感激永不放棄我們的小王子，即使我們始終不知道如何稱呼他。是的，就是他，也是你，很久以前，是他給你重新站起來的力量。現在，隨著年齡的增長，這條路上還剩下什麼？透過人生的計畫、成功與內心的孩子，留下印記的渴望越來越強烈。

或許我們覺得自己已經準備好再次成為小王子，讓他再次占據我們的靈魂，想留下印記的渴望變得迫切……？我不知道。

但是留下印記，留下自己的印記，留下自己給世界帶來的印記變成了必要。不一定是為了後世子孫，就只是為了不被遺忘，就只是為了曾經存在的感覺。

說實話，現在是我自戀的時候，為什麼要寫作？當然是為了留下印記，但不是為了後人，而是為了今天。

為了明天而寫，表示我們已經死了。

但是在我的行為、我的文字、我的關係、我的書中……都留下印記給他人。這些年來，我讀過的很多書，作者都成了我的朋友、室友……不眠之夜很多人都幫助過我。

就像他們，我多年前的希望與我的第一批著作有關，可以總結為：「如果我可以幫助一個人……我就贏了。」

閱讀我收到的感謝訊息，事實是，多虧了你們，我的小王子送了我一個禮物，遠遠超過他在我五年級時對我的承諾，當時我正在編寫我的第一個插圖故事《謊言的鑰匙》。

最後，不是我們要留下印記，如果我們能好好傾聽、理解小王子的話，這個我們曾經的小王子會留下深刻的印記。

旅行筆記

我們會成為並留下我們一直以來的樣子。

我的小王子告訴我

自我、自我……我們都是自我。一律平等。

CHAPITRE 16

像小王子一樣放低身段？

狐狸說：「這就是我的祕密，非常簡單：只有用心，才能看得明白。真正重要的東西，眼睛是看不見的。」

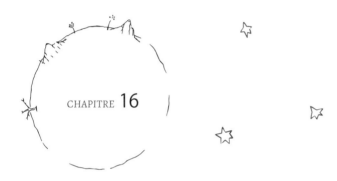

《小王子》書中，狐狸這段話表現出敘述者的童心。

透過繪畫，敘述者試著說服這些同時代的大人，在如此笛卡兒式*、平淡無奇又缺乏想像的成人生活中仍可以培養出一些魔法。

不幸的是，答案對敘述者來說總是一樣的，而這個測試也就失敗了。

他很想分享小王子之間的對話……但這是不可能的，隨著年齡增長，小王子被扼殺在靈魂的最深處。敘述者並未譴責，但注意到這簡單的事態，這可悲的狀態，有時他也只不過是個大人而已，只有成年人的話題得以維持。

你有沒有感覺到或聽到，那些破壞夢想的攻勢與嘲笑你的提議，因為你似乎還在人生的夢想中迷失方向？你個人的小王子所背負的想望，在你的想像中發展，在你的白日夢中綻放？

當你想分享它們時，就算是與家人、朋友，每個人都會發現，自己有

譯注

意指具理性、邏輯而有條不紊。

時會被這些沒有想像力和慾望的折翅之人擊倒？一個深深觸動我們，令人煩惱的、受傷的時刻，一個難以度過的時刻，因為我們敞開心胸、真誠而無過濾，也沒防備的表達。

因此重複這些經歷就變得很複雜，因為除了被誤解之外，這些辛辣的評論讓我們別無選擇，只能為自己辯解，而被視為狂熱分子或……進入「成人」思想正確的隊伍，忘記我們小王子的奔放，忘記我們孩子般靈魂的回聲。

然而，從這個不幸的經歷，可以學到另一種方法和幾件事……

永遠別讓孩子般的靈魂沉默，傾聽他的想像。

培養我們每個人內心深處的小王子，不斷地更新自己、讚嘆自己並在生活中保有這種新鮮感。

只和那些與我們一樣長期珍惜小王子的人分享小王子的渴望。如此一來，我們就不會再因為可能遇到的憤世嫉俗的犬儒主義者而感到失望。

不要過於苛責這些掃興的人，這些人太嚴肅，太自滿於他們的知識和優越感，最終在他們人生的道路上失去最寶貴的東西。由於背棄了他們的小王子，他們失去了生活的樂趣。

那個埋藏在深處的孩子，他們再也聽不到他的嘆息。讓自己放低身段以激勵他人，透過我們的微笑和夢想，將內心孩子微小的聲音重新連結。

千萬不要成為這些夢想的破壞者，因為我們譴責的不只是別人的渴望和夢想，還扼殺了小王子為我們提供的魔法。

我們可以適應這個世界，但決不能背叛我們內心深處的孩子。

☆

旅行筆記

放低身段，就是維持自己的高度。

我的小王子告訴我

大人是乖巧的孩子，而孩子是聰穎的大人。

CHAPITRE 17

像小王子一樣建立關係？

狐狸說：「這是一件常常被遺忘的事，意思是建立關係。」

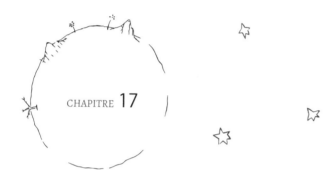

如果在童年與成年之間有一條線連結，那就是孤獨感。這種感覺可能是真實的，或者，就算後來被人群環繞，也可能覺得孤獨。

在整本書中，小王子尋找他的朋友，尤其是可以和他相處的人，而且要跟他相似。

不是酒鬼，不是商人……但他繼續找尋，尋找一個他可以分享生活的朋友。

狐狸傳授他馴養別人的方式，一步一步開始，在每個共享的時刻建立關係。

我們很驚訝看到孩子即使不認識彼此，也會開始接觸，開始建立關係，並在小小的接觸中學著認識對方。

每個人都見過或經歷過這種情況，當我們和朋友吃飯時，即使從未見過面的孩子，當他們吃完飯在同一個房間玩耍，一開始彼此很害羞……

但只有十五分鐘的時間！到了一天結束，離開的時刻，根本不可能將他們分開。

這就是童年的魔力，沒有既定規則、沒有障礙，只要勇敢邁出第一步，就在片刻間馴服對方。

大人必須承認，成年後，我們設下所有的防線、保護措施、規則和社會形象以保護自己，確保我們建立的形象……如果將三個互不認識的成人安置在一個房間裡，要讓他們在片刻間建立關係，無所懼地敞開心胸真誠分享，並且和另外兩人一起談笑而不裝模作樣，這就困難很多。我們比較可能等到的，是禮貌相待和膚淺對話。

很遺憾，真的很遺憾大人失去所有的天真率直，這種可以走向他人，建立真誠關係的天賦……當我們還是孩子時，很容易做到這一點。

這是怎麼回事？

年復一年，我們把自己關在我們的小宇宙中，關在我們的生活圈圈裡，最後將我們世界的門打開走向未知時，所有選項都要勾選，所有保證都要取得？

我們今天感到很孤獨，對許多人來說，幾乎所有人，在生活中感到非常孤獨。

然而，小王子一有機會就不斷地敲打我們的心靈之門，告訴我們：「出去看看！出去看看，看在老天爺的分上！你還在等什麼？」

害怕？羞恥？無能為力？無助？

此刻我們該怎麼做？

看來隨著我們的成長，我們已經失去做人的本質：在片刻間交流的能力、聯繫的能力，就像我們小時候在下課時能夠輕易做到的。

如果……下一次受到邀請，下一次上酒館，我們嘗試看看這種童年的經驗呢？對所有會面和所有討論都保持開放的態度，並讓自己走向他人，敢於先踏出第一步。是的，這需要超越自己，克服那些我們養成的一些禁忌……通常是出於恐懼。害怕被拒絕，害怕暴露自己……但是如果不承擔最低限度的風險，不對自己和對方有信心，如何建立關係，開始第一次對話和新的機緣？

這只是一個孩子的遊戲，我們絕對不能忘記，一個像他們在房間裡互相認識、玩耍的遊戲，我們可以歡笑、開心、盡情玩耍，直到不想離開，並且希望再次見到這個人，然後就像狐狸和小王子一樣，建立起關係，堅定不移的關係。

☆旅行筆記

建立關係是我們生命存在的理由。

我的小王子告訴我

每個人都是天地間，彼此互相缺少的那一塊。

CHAPITRE 18

像小王子一樣花時間生活？

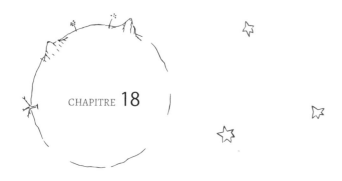

無所事事、無憂無慮、玩耍……童年時期，我們玩耍的時間總是短暫，卻花必要的時間去做自己喜歡做的事。

你還記得，當吃飯時間到了，你還在房間用玩具創造故事……從廚房傳來的呼喚聲，不停叫喚你去吃飯。只要幾分鐘，你就可以完成你的舞台，英雄即將進入城堡。

但呼喚聲又來了，你必須遵從，進入大人給予的用餐時間，這頓飯一分鐘都不能等。

花時間生活是孩子天生的特權。成年後，在接受各種形式的調教後，時間成為一種必須是有用、有利可圖、富生產力的商品。

所有大人開始接受他們創造的時間觀念，直到成為時間的奴隸，最後成為時間的囚犯。

發明這個可以解渴以「贏取」時間的藥丸很奇怪……它不比一些發

明、小工具和我們手機上的應用軟體奇怪，它們和這顆藥丸一樣，可以「贏取」時間，節省幾分鐘……這些時間可以用來做其他事……無限的分分秒秒都可以被切割，讓時間變得更有生產力。

我們壓縮時間，壓縮週數、日曆，在過動的競賽中充實我們的日子……但到頭來有何意義？這種貪食症的背後是什麼？最終也不再為自己、朋友、我們的快樂而花時間？

花時間生活對成年人來說是完全陌生的概念，最可惜的是，就算在度假，我們在早晨清醒後（沒忘記設定好鬧鐘）也「得」用一趟參訪之旅來填滿這些休閒發懶的日子，好在中午時像菊苣般在跳蚤市場排排站吃午餐，好看一眼西斯汀教堂穹頂上的小畫作，我們甚至因為後面人群推擠而無法停駐一會兒……這些之後，我們繼續在上陶藝課和騷莎舞課之前狼吞虎嚥，這裡走走，那裡看看……

好好利用，一定要好好利用，絕對要……

但是，當我們只是在沒有樂趣的情況下做這些活動，以充實我們已經準備好爆炸的生活時，我們就無法享受。

還記得那段因為病毒而封城的日子……從一開始的焦慮和無所事事，那時我們不可能完成過往一半的事情……

在最初幾天的午睡之後，我們試著用下廚、春季大掃除、整理環境，和一起孩子遊戲來填補時間，幾天之後，一旦所有的插座都用棉花棒清潔過，以及過度追劇，而我們也做過一輪所有可能的「事情」之後，發生了什麼事？有些人開始沮喪，另一些人開始閱讀，但無論是什麼方法，受拘束或被迫，我們都得接受。為了盡可能過好這兩個月的禁閉生活，而不像我們之前那樣的行程滿滿，我們必須接受，並日復一日地重拾時間，冷靜地做每件事。

奇怪的是，儘管這個病毒和封城帶來各種災難，也迫使我們重拾時間生活，或許有些人重新認識他們的配偶、他們的孩子、他們因為沒有時間而遺忘的對某些事物的熱情。

兩個月的時間，我們某種程度地又變成了孩子，對時間的概念只在於吃飯和讓我們開心的活動，沒有其他迫切需要的。

我們又重拾了當我們想要就可以做我們想做的事情的權力，我們只是簡單的重拾時間生活……或許未來我們不應該忘記這一點？

像小王子一樣不是很好嗎？為了讓自己開心，散步去享受噴泉新鮮的水，而不是剝奪我們飲水的樂趣。

從現在開始，如果我們牢記這段封城歲月，讓我們能偶爾又像那時候般生活，明天這種「生產時間」的暴政將不再支配我們的生活？

☆ 旅行筆記

時間由我掌控。

我的小王子告訴我

生活中有個陷阱要避免：活得快也死得快。

CHAPITRE 19

像小王子一樣，
不理會他人的評判？

「為什麼我不好看？」這是我剛滿四歲時問的基本哲學問題，在父母家的院子裡我抓著柵欄，一群經常路過下面小巷，我不知道他們要去哪兒的年輕人嘲笑我：「你不好看！」

成長之路上最大的殘酷，就是童年的不解、易怒，我搖晃著柵欄像一頭小牛大吼大叫，有人想聽就問他：「為什麼我不好看？」

武斷的批評，強烈的批評，這些年輕人突如其來的愚蠢行為，跟他們雙腿增長的速度一樣蔓延開來。我不懂他們為什麼要這樣攻擊我、批評我，矮小的我看著柵欄外的另一個世界，我吸著十字柵欄上的塑膠，看著這個我想要亦步亦趨追隨的世界。

忍受他人的批評，這面扭曲的鏡子從我們的幼年到充滿皺紋的老年都跟隨著我們。這是不可能逃避的……無論我們說什麼，做什麼，只要我們的腳指頭超過界線向外移動，沉重的目光就像斷頭台上的鍘刀一樣落下。就算在這個簡單的童年故事裡，就算我們沒有任何影響力，我們什麼也沒說，什麼也沒做，就算我們只知道動一下腳趾。

別人的批評……存在著、支配著……只要我們賦予它重要性，就會讓它存在。

我們是否應該像小王子被要求做的那樣，批評別人，譴責別人，甚至將人處以死刑？這對他來說有什麼用呢？如果只是為了獲得一點點的認可，在國王身邊獲得一席之地，而這個國王只存在自己投射的優越感中。

那麼當國王要求他審判時，小王子是怎麼做的呢？

在國王的兩個提議中，小王子採取同樣的方式回應：他無視國王的權力。這個想要迫使他留在這個空蕩星球上的權力，這個權力想令他腐敗，這個權力賦予他審判他人的地位，這個權力甚至想迫使他審判自己，在這裡，就在這個小小的星球上……這個權力……

這個權力，小王子離開了它，為了他自己，為了他所在的地方，獨自一人，沒有人也沒有其他東西可以控制他。這就是小王子透過無視這種權力的存在，從這個星球的國王、其他事情、以及與他無關的老鼠審判中解脫。*

我們常常在自己設定的挑戰和犯下的錯誤中，嚴以律己。是的，我們都嚴苛對待自己，不用再承受他人的批判，不必再每天問自己好不好：「我好看嗎？」

不理會他人的目光，就是在我們有足夠清醒的頭腦與意識來判斷自己的行為時反手一擊，除掉這個想支配我們生活的偽權力。

譯注

*請參見《小王子》第十章。

☆旅行筆記

授與他人權力，就是讓自己任由他人擺布。

Agir et penser
comme
Le Petit Prince®

我的小王子告訴我

從不評判的人是自由的。

CHAPITRE 20

像小王子一樣不再尋找，而是找到？

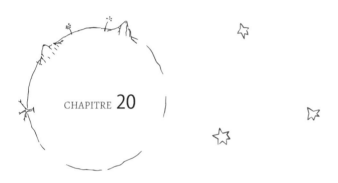

或許你還記得，有一件事讓我印象深刻，當孩子們一起玩耍，用玩偶和娃娃編故事時：如果少了一個故事裡的道具，比如有位騎士必須騎馬到達，但是他們手邊沒有馬，你知道他們怎麼辦？不知道？你當然知道，因為你以前也這麼做過：重新編造這個故事！

這對孩子來說是一種必然的方法：沒有馬？那就換個方法！沒有理由因為一隻不幸的馬而停止這個美麗的故事！騎士將乘船抵達剛剛他們想像的河流，在兩個模擬的枕頭山中蜿蜒。

這不只是孩子的遊戲。事實上，這是強大的力量，因為他們採用現成的物件，他們不需要花好幾個小時去找馬，以為沒有馬，故事就不可能繼續，他們只是找到了一個解決辦法，讓他們的故事可以延續並達到他們的目的。

如果我們將這個機制轉移到成人的世界，當一個計畫，無論是專業或個人的計畫缺乏一個元素時，我們有時候會因此覺得計畫停滯不前，這個小小的元素是整個計畫實現的關鍵。於是我們專注於尋找這個缺乏的元素，就算它根本不存在，就算最後它不是真的必要，卻因此忘記了我們的目的和計畫本身。

當障礙成為目標。總是讓我想到那些直直往牆撞去的機器人，撞牆後往後退兩公尺，然後再撞，就這樣循環不停，卻沒有看到牆邊十公分就可以找到出口。

小王子說得對，當我們不知道自己在尋找什麼，當我們失去童年故事的主軸，就失去了成人計畫的目的，我們就會繞圈子。

我們如此理智又理性的成人雙眼無法使我們走出困境，就像我們一直在惡性循環的思路，不知道去哪裡尋找，找什麼，更找不到。

為了獲得故事的結局，孩子們非常擅於繞過他們故事裡的困難……他們怎麼辦到的？很簡單，他們開放所有的選擇，所有的可能，用一句話說：他們很有創造力。

當一切不如他們所願的順利進展時，他們不會用眼睛去找配件，而是用心去找答案，因為心才是他們敘述故事的動力。這不是理性的創作方法，而是自然的創作方法，因為對他們來說，最重要的還是回應故事的需求。

記住你房間裡的一些回聲……

「是的，但有人說他要用斧頭砍死壞人。」

「對，但實際上，他也是大巫師的弟子，所以他能發出火球！你看，像這樣！」

「喔，對吔！太棒了！像這樣，他也可以……」

在這個無害的時刻，我們可以看到孩子無限的力量，這個我們曾經擁有的力量，但隨著成長而失去的力量。在相信我們是用知識來填補想像力和創造力的情況下，我們常常發現人生中，每個計畫都少了一個部分。或許現在就是恢復我們童年創意魔法的時候？

為問題找到解決方式，找到適合我們的，找到我們自己……不再尋找，而是找到。

不再用理性去尋找，而是用心去找到，不用遵守邏輯，但用我們的感覺，遵循我們的感覺。

這絕對是我們內心深處的小王子在我們耳邊訴說的最美麗課程之一：

「只有孩子知道自己在找什麼。」*

作者注

出自《小王子》第二十二章。

旅行筆記

尋找不是追求，找到才是唯一的終點。

我的小王子告訴我

我很少在我尋找的地方找到我在找的東西。

CHAPITRE 21

像小王子一樣自由？

我喜歡在夜裡聆聽星星，它們就像五億顆小鈴噹……

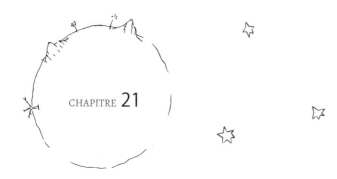

悠游在自由的浴池是童年的典型畫面。這感受不是深思熟慮過的，而是切身經歷。小孩尚未意識到有自由，他們在還不會用言語形容時就生活在自由裡。

小時候，即使我們意識到家庭和學校用一些規定來限制和支配著我們，我們也不把這些當作我們自由生活的妨礙，而是一些（或多或少）要遵守的規定。

我們童年時像小王子一樣自由自在地思考。自由地做我們想做的事情，自由地玩耍、睡覺、作夢，進入我們想像的世界，自由地說不，自由地不聽話，在我們不想的時候不理睬。自由地構思一切，無所不做，而且是在任何地方和任何我們想要的人。

看看我們的生活，我們之間有多少人可以說自己的生活保有這種自由？我看到你在搖頭，很少有大人，我們很少有人不被無數的義務或不可能的事情所束縛，這些都是隨著時間自願或非自願地出現。

就像狐狸對小王子說：「你總是要對你馴養的對象負責。你要對你的玫瑰花負責……」*隨著年齡增長，成為負責的人，是我們人生必要的部分，但也讓我們從自由的場域中退後。然後我們會變得有點依賴，因此不那麼自由，但這對我們的生活也不是那麼負面。這些對我們的孩子、配偶、家人和朋友的責任都是我們人生有益的依賴，有點像我們小時候遵守的家庭和學校規定。

這些規定不會妨礙孩子的自由。就像孩子一樣，這些選擇性的義務塑造了我們的生活，不該讓我們有禁錮感，否則，就是質疑這些義務和依賴的時候了。

小王子的自由價值表現在他拒絕把他的羊綁在自己星球的木樁上。他

作者注

出自《小王子》第二十一章。

甚至不懂綁椿的用處。他拒絕所有的監禁，所有剝奪自由的行為。

此外，小王子向誰請求允許他展開一個星球接著一個星球的旅程，開始他的追求？沒有人。無論這趟旅行是真的還是想像的，他都在完全自由的情況下出發，去發現星星和其他星球上的居民。

作為成年人，我們要向誰有系統的解釋我們的行為呢？沒有多少人。但有時某些人事物占據了我們泰半的生活，變得具有侵略性，有時甚至支配著我們的一舉一動。這是一切自由與行為被扼殺的時候。這是離開前的警訊。

就像小王子在整個旅程中苦澀地感受到的那樣，自由有時也是一種孤獨。這就是為什麼他要尋找朋友，不是為了困住自己，而是為了選擇他自由的條件，一種可以分享的自由。

我們都有一個祕密花園，就像孩子們擁有一個沒有邊界，讓他們感到自由的幻想世界。這個花園由我們推倒牆壁，好接待我們想要分享的人、我們決定馴養的對象、我們決定讓自己被他馴養的對象，以及我們讓他們進來和我們一起發展自由生活的對象。

☆ 旅行筆記

「自由，就是選擇。選擇依附，選擇馴養，選擇自由的形式。」

我的小王子告訴我

沒有人是自由的，但也沒有人想真正成為自由的人。

CHAPITRE 22

像小王子一樣，
接受成為不被理解的人？

忘記朋友令人難過。不是每個人都有朋友。

俗話說：「我們無法取悅所有人……」但是，這往往不是取悅的問題，而是被理解的問題。

在《小王子》這個章節中，敘述者，也就是飛行員意識到自己兒時的夢想，某些部分被偷走了，以實現後來令他滿意的生活，但在和其他人接觸時，他必須接受他們的談話、計畫和想望，給他的童年留下苦澀滋味，這些人從未理解過他的繪畫和想像。

成年後，當一部分的自己仍棲息在童年的夢想和想像中，我們經常發現自己周圍會有一些人阻止我們作夢，我們向對方解釋我們的想法或計畫，對方卻不理解。一切都在變化，周遭卻什麼都沒改變，是夢想家的艱難時刻。

然而，關於這個孩子有件事情要注意：當對方不是對的人，像他這樣接受被誤解，會將自己童年與渴望的部分隱藏在心中。

接受自己不被理解，不是為了反抗批評的聲音，不是為了嘲笑的反應而放棄，也不是屈服於禁令的重壓而接受這是筆好買賣。

接受自己不被了解，意味著接受與聽從自己、自己的願望與渴望。也就是接受自己作夢，讓自己微笑。

伸出棍子讓自己被打是沒有用的，試圖說服不情願的公眾相信你的誠意是沒有用的。

我想起一句切題的老生常談：「我可以被一個人誤解一千次，被一千個人誤解一次，但不能被被一千個人誤解一千次。」

接受自己不被理解有助於解除夢想破壞者的武裝。即使擁有這個世界上最好的善意，也要意識到自己永遠無法說服、被理解或被所有人追隨。

最後，接受自己不被理解，是允許自己完成夢想、計畫和想望，而不必躲藏，不必忽略自己的言論，也不用向那些常常沒有共通點也沒有夢想的審查者低頭。

我從來沒聽過哪個領域的企業家、藝術家或發明家用自己的知識嘲笑或破壞其他創作者的計畫，即使這不是他熟悉的領域。夢想家傾聽並幫助夢想家，因為他們知道承擔和參與一個看似不可能的事情的難度，也清楚接受不被理解的代價。

成為這些夢想家，成為這些不被理解的人，當個卓越超群的人。

旅行筆記

不要否認你曾經是個孩子，與他相伴。

我的小王子告訴我

我尋求理想的觀點，而他人只看到舉起的手。*

譯注

源自佛教經典：當智者伸出手指看向月亮時，一般人卻朝著智者的手指望去。是西方廣為流傳的諺語。

引申意義是，智者看到的不僅是手指指向的事物，而是更深的含義和思想，大部分的人則只看到表面的事物。

CHAPITRE 23

像小王子一樣超越現實，看到看不見的？

魔法。魔法是我們唯一的真理，我們小時候唯一的宗教。一切都有魔力，我們對這種權力的信仰使我們能夠相信一切，看到超越現實世界的東西，遠超過大人的世界。

因此在我們的世界，沒有什麼是不可能的，當我們對圍繞著我們的魔法有信心，便能看到這個世界以外的東西，感知看不見的事物，並根據我們的意願增加它。

我們曾經是孩子，我們曾經有魔法，仰望著星空，我們仍然知道用手指著一顆星球並看到它的寶藏，希望有一天能去探索。我們知道在地平線之外，海洋隱藏著我們的島嶼，一座等待被發現隱藏寶物的島嶼。

正是事物看不見的部分使它們具有吸引力。另一方面，表面和可見的東西只涉及大人的世界。

計算、量化、衡量的大人。可觸摸的、可測量的、可識別的、令人安心、舒適的表象。

但我們周遭世界，人事物的種種表象是否使我們感到幸福？當沒有什麼可期待或可發現的時候？

我們都知道，美好的景象如果沒有承載更多肉眼看不見的東西，它只是一張我們很快就厭倦的明信片。只是一張被我們分類歸檔的明信片，然後跳過，狂熱地等待下一張，卻也不確定它是否會成為回憶。

這也跟那些塑膠人一樣，當他們完美的身體只是一個移動的空殼時，他們美貌的外表就跟他們空洞的靈魂成正比。

一切都是追求，一切都是寶藏，一切也是發現，這就是真正的價值，萬事萬物神奇的部分。拒絕想像它、看見它，把自己局限在冷酷與笛卡兒式的目光中，只會給我們的生活和周遭世界帶來悲傷與疲憊。

試著超越現實、人們的觀點和我們的現況，是給自己還能發現與讚嘆一切的機會。是在這個瘋狂的期望中不停重複：「如果……如果……如果……」

從這些問題中，從這些新出現的可能性中，讓手指能觸及的鏡子另一側進入魔法世界，另一個可能的世界，孩子的笑容在我們臉上綻放。

事實上，我們的人生是否如此令人興奮，以致讓我們不去考慮仍然沉睡在我們內心深處的孩子可以提供給我們神祕、虛幻和投射的一部分？我希望你想像一下，如果你能再次從孩子的角度看事情，讓想像力和魔法張開雙臂進入你的生活，那麼等待你的將是奇蹟。

變老是不好的，不，當我們在人生的道路上變得經常無法看到超越現實的魔法在這個世界上運作時，變老才是不好的。

就像飛行員談到小王子時說的：「我的這位朋友從來不解釋。或許他以為我跟他一樣。可是我，很遺憾，我沒辦法透過箱子看到綿羊。或許我有點像大人。我一定是老了。」*

還能透過紙箱看到綿羊，就是小王子的提議和承諾，好將這股純粹的魔法重新帶入我們的生活。

靠近大門入口處放著一個鞋盒……看著它……我相信我聽見羊叫聲。

☆ 旅行筆記

「魔法是我們生活的調味，是世界真實的色彩。」

作者注

出自《小王子》第四章。

Agir et penser
comme
Le Petit Prince®

我的小王子告訴我

只有確定生活在現實中，區分真實與想像才有用。

CHAPITRE 24

像小王子一樣，知道用其他標準來判斷？

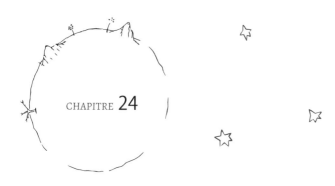

就像我在前面章節提到的，當我們還是孩子的時候，很容易本能地建立關係。

幾秒鐘的害羞之後，開始流暢有笑聲的交流，不考慮任何外觀標準。長大成人後，我們不僅失去了這種才能，還增加了一整套評判他人的標準，隨著年歲增長，這些標準也越來越多。

小王子正確的指出成人世界的這種數字觀念，成人世界往往只從量化、衡量、理性和謀利的角度看待事物、美和人。

這個人是否有錢？

這幅畫是以其色彩讓我們喜歡嗎？或者我們是由藝術品銷售的價值來感受這幅畫的美？我們將現代藝術展現的各種視覺變異視為大師級美學時，不禁會提出這大哉問。

觀察大眾在不知道藝術品的創作者和行情時，對藝術品價值的看法會很有趣。其中不乏一些禁忌的真相。

這也就是我們作為成年人，有時會批評和評斷許多人和事。這樣可以讓我們在人際關係、事業和生活圈感到安心。

乍看一個人的態度、衣著、貧窮或富有的外在特徵，汽車鑰匙、銀行卡的顏色，我們已經對這個人有了印象和看法。我們知道，「多虧」這些標準，這些我們透過經驗和歷練而熟練地發展出的標準，眼前的這個人是否和我們常遇到的人一樣，出身同樣社會或職業背景。

在想和這個人建立關係、試著認識之前，我們已自動先一步推動或禁止我們向前一步。

這有時很有用，我同意，我們不能像新生兒一樣在這個社會上用天真無邪的微笑行動或發展。

因此小王子讓我們知道如何根據其他標準進行判斷是真的很有幫助。的確，每個人都明白這點，我們的判斷標準，隨著每一次新的生活經歷而不斷改善，在一段時間後，我們如何為驚喜和新奇留下空間？這就是大人開發這個系統的局限：我們最終將自己關在一個完美定義的環境，以舒適、行為和共同價值觀之名。規則已定，沒有什麼新鮮事可以突破框架，除了我們知道的，我們滿意的東西，但最終將我們限制在一個無聊的泡泡中。

我們都渴望驚奇和發現，我們都是人生的淘金者。但是，如果篩子不再讓任何東西通過，我們如何能在泥沙中找到黃金？

當認識人時，我們能否依附在我們已養成的價值觀外？為何不？幾乎不需要多努力，只是對未知事物保持開放和好奇的態度，也許就能在巨大的驚奇中發現新的幸福金塊。

今天金錢已經成為衡量所有事物的最終價值時，我們絕對不能忽視一個事實，那就是金錢是可見的、短暫的晴雨表，而不是真正的財富。為了「佯裝富有」而炫耀的金光閃閃會讓人更快樂嗎？

在不考慮任何可能的相遇下，將金光閃閃作為一種不容置變的批判是否會讓人更快樂？

「只有用心，才能看得明白。真正重要的東西，眼睛是看不見的。」狐狸告訴我們，這是牠傳給小王子的祕密，而小王子也分享給我們。

也許我們應該從明天開始，質疑一些我們確定的事情、我們的觀點、我們武斷的批評和先入為主之見，稍微走出我們「真理」的泡泡，我們才能驚嘆於路上的驚喜，和許多讓人開心的事物。

☆旅行筆記

我們批判的標準就是禁錮我們的標準。

我的小王子告訴我

黃金永遠不會在鹽礦底部發光。

CHAPITRE 25

像小王子一樣
相信並抱持希望？

眼淚的國度是多麼神祕啊！

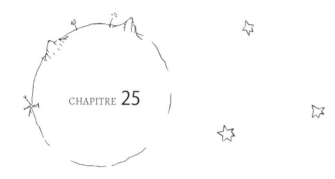

那麼，你怎麼看？星星被點亮是為了有一天每個人都能找到自己的星星？

這句話蘊涵著世界上所有的希望。這是當牆垣逼近，最終遮蓋住星星的光亮時，我們對生活能抱持的所有信心。

我五歲的時候，生了一場重病，考慮到未來日子還是得嚴正以待，我在醫院躺了好幾個星期，無法動彈。我在此就先不提這場病在當時引起的多重險惡發展，只保留些記憶。

罕見疾病、不為人知、沒有治療方法，只能靜待觀察病情往哪個方向發展。有一天，我奶奶從盧爾德（Lourdes）為我帶回一瓶聖水。這瓶水外形像一顆心，奶奶告訴我，只要我每天喝一口聖水，就會痊癒。

我照做了。每天喝一口，因為水瓶不大，裡頭的水一點一滴減少。

但每喝一口水，我就相信自己會痊癒，就像水瓶和水的力量一樣。我說兩者都是，因為幾天後我意識到水瓶又偷偷地裝滿了。我沒說什麼，這不重要，因為一旦水裝進瓶裡，它就變得有魔力並治癒我。我非常相信這一點。童年的力量……

如果我今天在這裡寫作，在你們面前，也是因為這個原因。相信，相信我們會治癒，保持信念，對一切事物，對任何事情，直到奇蹟發生。

這個水瓶是我小時候的閃亮星星。一顆向我承諾有一天我會走出這些圍牆的星星。而我做到了。

相信是一股強大的力量，遠超過宗教。小王子相信他的星星，相信每個人都擁有自己的星星。

我們邁開成人時期的第一步時，是否也深深信任這顆星星的加入？

對某些人來說是，對某些人來說，這顆星星已經消失了……因為不相信。然而，所有塑造他們時代的最偉大人物，不管在哪個領域，在某個時刻喚起了這種深刻的信仰，這種他們對自己、對生活、對上帝的信念。是什麼並不重要，就像我的水瓶一樣，只有不可動搖的信念才能繼續，就算身處最糟的境地。

如果……你看到我的到來……

你們之間的某些人正在閱讀這篇文章，你們可能已經失去希望……現在可能是抬頭尋找你的星星的時候了。

如果你讓自己被小時候擁有的這種力量指引，但你已經扼殺這種力量呢？如果你仍相信一切都有可能，你會損失什麼嗎？誰有能力阻止你去相信？

在你身上？在生活中？在最好的承諾中？什麼教條、禁令、訓誡可以阻擋你的路？一個都沒有。

那只是你、你的想望、你的勇氣和你閃亮的星星。只有你和你的信念能達到。

望著天空就是看著自己，以找到仍然緊抓住自己星星的孩子。

☆旅行筆記

不管發生什麼，對我們來說都是最好的。無論如何，總有一顆星。

我的小王子告訴我

我始終抓著這個瘋狂的希望，期待自己有天能變成另一個人

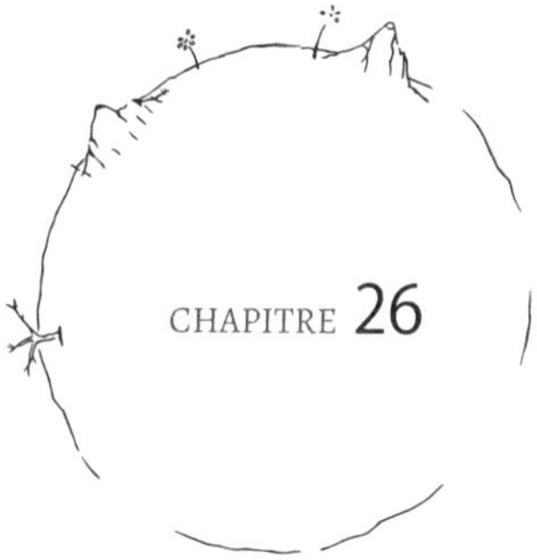

CHAPITRE 26

像小王子一樣知道離開……放手，不孤單？

知道離開，即使這讓我們心碎，像小王子一樣知道何時離開，是時候去其他地方追尋他的人生道路。

離開往往不是一個決定，而是生活的需要，生活將我們推向一個方向，就算我們沒有看清楚眼前的目的地。

為了追尋自己的道路而離開是必要的，就算這樣必須暫時離開自己所愛的人。

與之對抗是沒有意義的，因為從那一刻起，我們就是在跟自己對抗。人生的前進不是我們的選擇。但是我們可以選擇接受離開的時間、我們可以選擇消化這件事情，可以選擇那些強加於我們的事情。我們只能延後離開的時間，在留下的痛苦中，在離開的恐懼中，但事實上，當那一刻來臨，我們別無選擇。

時間到的時候，我們要知道改變，因為我們還有動力，不想在我們成年的生活中失去我們曾經擁有的孩子的坦率。

我們同時也必須知道在時機成熟時放手。我們的家人，我們的孩子可以感受到廣大的召喚，為了學業、為了工作、為了愛情……

如果我們真的愛他們，即使含著淚水看著他們走遠，我們也必須讓他們離開，因為他們的人生幸福取決於此。我們還能為我們所愛的人許什麼願呢？我們還有什麼愛的表現能比這更美呢？

小王子的追尋使他認識新的人，體驗新的事物，但最重要的是建立關係和交朋友，這樣他就不會在他的星球上感到孤單。

創造世界需要各式各樣的人事物，而這世界有各式各樣的人事物。但這不意味著我們必須忍受一切，以參與團體為藉口，只會有假朋友。小王子就是這樣尋找和選擇朋友，遠離商人或酒鬼。在他的火山和玫瑰的包圍下，即使遠離狐狸，當他望著星星時，他永遠不會覺得孤單。

在我們的星球上，我們有時也感到孤單。然而，對成年人來說，沒有買來的朋友，只有眷戀與活力源自我們孩子般靈魂的友誼，以最真誠的形式，沒有利害關係，沒有競爭，沒有算計。

友誼是唯一真正的平等關係。代價是我們孩子般的靈魂與真誠。

而且，像狐狸一樣，分離與距離永遠不會妨礙友誼，就像狐狸一樣，我們記得小麥的顏色。

☆

旅行筆記

別指望生活會給你答案，生活只會給你一條路走。

Agir et penser
comme
Le Petit Prince®

我的小王子告訴我

許願你可以發現更遠的景色，那裡有著願景，願景帶來真理，而真理隱藏著生命的意志。

CHAPITRE 27

像小王子一樣回到雲端

第一章「在雲端」的開場，我引用了聖修伯里的獻詞當引言：「每個大人都曾經是個孩子，可是很少大人記得這件事。」

在我經歷跟小王子一樣的曲折之路和各種疑惑之後，我再次回到雲上，想重新連結我的靈魂和童心，我只能用《小王子》第四章的這段話來回應：「孩子必須對大人非常寬容。」

也許這就是今天一種新的發展趨勢，知道傾聽，知道如何對那些已經忘記自己孩童靈魂的人寬容。

再許一個願，許願有朝一日成為大人物，仍然知道如何向這個從未離開我們心的孩子伸出援手，儘管時間流逝，這個讓我們保持童心的孩子，從未放棄他的夢想和他的溫柔。

我的小王子告訴我

注意你許下的願望，它們會成真。

找到自己內心深處的小王子

Agir et penser
comme
Le Petit Prince®

鏡子裡的孩子，是自己的倒影

最重要的東西眼睛是看不見的。

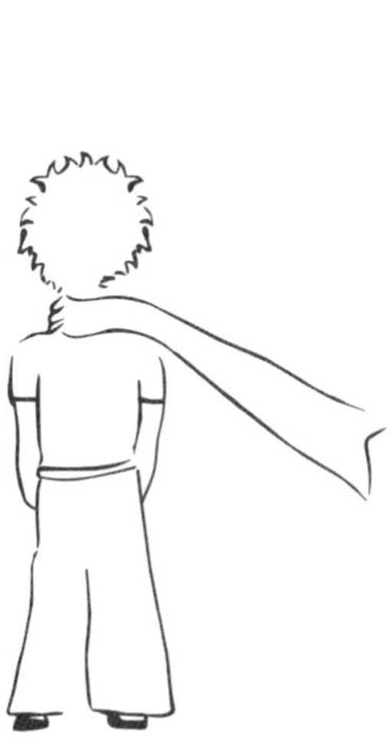

我們內心深處的小王子是否能在這場鏡子遊戲中重生？

是的，如果我們真的渴望它。

是的，如果我們真的相信它。

或許我們只要真誠地問自己一個問題，就會看到他從鏡子角落探出頭來說：「今天你生活中最重要的夢想和人是什麼？」

1

2

3

4

5

6

7

8

9

10

現在將這些夢境與你童年時的夢境比較，這個你在「閱讀本書之前」已經寫下的夢境。

它們是否有相似之處或共通點？有些夢想實現了嗎？其他仍在不可能實現的想望狀態，今天是否仍然吸引你？

將現在和過去做個分析。

結果是什麼？你實現了什麼，你珍惜什麼，你仍夢想什麼樣的生活？

現在，將這些元素一一記在個人小筆記本上，這將是你的旅行筆記，對於每一個你珍視的元素、計畫或人，記下你做了什麼或還可以做什麼來照顧他們，要比你今天做的更多來發展它們。

它們是你幸福的鑰匙，是你小王子的耳語。

相信自己，相信你的小王子在你耳邊訴說的夢想，相信他能再次為你提供一切。

那時，他可能凝視星星，然後有一天晚上，你和你的小王子的星球會像魔法一樣並列天上。

- 《貓的因果》（*Karma of Cats*），多作者著作，Sounds True Editions（US），2019
- 《吹牛不被揭穿》，（*Péter sans se faire griller*）Éditions Tut-Tut/Éditions Leduc.s，2019
- 《這樣結束真的太蠢了！》（*C'est vraiment trop con de finir comme ça !*），Éditions de l'Opportun，2019
- 《你的人生從掛上電話那一刻開始》（*Off – Ta vie commence quand tu raccroches*），Éditions de l'Opportun，2018
- 《像貓一樣思考與反應——練習簿》（*Agir et penser comme un chat – Cahier d'exercices*），Éditions de l'Opportun，2018
- 《貓的百科全書》（*Catissime , L'encyclopédie du chat*），Éditions de l'Opportun，2018
- 《#平衡你的男子氣概—— 厭女症的奧斯卡獎》（*#Balancetonmacho – Les Oscars de la misogynie*），Éditions Tut-Tut/ Éditions Leduc.s，2018
- 《你胖了幾公斤？跟大家一樣的九個月孕期》（*T'as pris combien ? 9 mois, comme tout le monde*），Éditions Tut-Tut/ Éditions Leduc.s，2018
- 《歡迎來到北國》，（*Bienvenue dans le Ch'nooord*）Éditions Tut-Tut/ Éditions Leduc.s，2018
- 《超級小氣鬼》（*Super Radin*），Éditions de l'Opportun, 2017
- 《像貓一樣反應與思考》（*Agir et penser comme un chat*），Éditions de l'Opportun，2017

BIBLIOGRAPHIE
參考書目

- 《超級話術》（*Je cartonne à l'oral* ），Éditions de l'Opportun，2020
- 《預言的（非常）微妙藝術》（*L'art (très) délicat des prédictions*），Éditions de l'Opportun，2020
- 《像龐德一樣反應與思考》（*Agir et penser comme James Bond*），Éditions de l'Opportun，2020
- 《間諜，大大小小的祕密》，（*Espions, petits et grands secrets*），Éditions de l'Opportun，2020
- 《抗議的最佳標語》（*Les meilleurs slogans de manif*），First éditions，2020
- 《傳奇故事》（*Légendes à la con*），插畫重編版， First Éditions, 2020
- 《我決定要自由，這對健康很好！》（*J'ai décidé d'être libre... c'est bon pour la santé*），Éditions Ideo，2020

《這是席哈克》（*C'était Chirac*）， Éditions de l'Opportun, 2019

- 《像貓一樣反應與思考》（*Agir et grandir comme un chat*），Albin Michel/Éditions de l'Opportun，2019
- 《像貓一樣反應與思考——第二季》（*Agir et penser comme un chat – Saison 2*），Éditions de l'Opportun，2019
- 《我決定要過得開心，這樣對身體健康有益》（*J'ai décidé d'être heureux... C'est bon pour la santé*），Éditions Ideo, 2019
- 《關於貓的500句話》（*Le chat en 500 citations*），Éditions de l'Opportun，2019

作者網站與社群媒體

www.stephanegarnier.com
www.facebook.com/stephanegarnier.officiel
www.linkedin.com/in/stephanegarnier
www.instagram.com/stephane.garnier.auteur

- 《關於貓的500句話》（*Le chat en 500 citations*），Éditions de l'Opportun，2017
- 《我的懶人生活模式》（*Ma vie en mode feignasse*），Fergie & Stéphane Garnier，Éditions de l'Opportun，2017
- 《小梅隆雄如何成為大人物》（*Comment le petit Mélenchon est devenu le plus grand !*），Éditions de l'Opportun, 2017
- 《傳奇故事》（*Légendes à la con*），First éditions, 2017
- 《優雅的戰鬥》（*La lutte, C'est classe !*），First Éditions，2016
- 《政治人才》（*Perles de politiques*），First Éditions，2015
- 《人才》（*Perles de people*），First Éditions，2015
- 《無拘無束的人》（*L'homme sans contrainte*），Éditions Max Milo/Alphares，2014
- 《那裡有海洋》，（*Il y a l'océan, roman*），TdB Editions，2009

— 個人筆記 —

— 個人筆記 —

— 個人筆記 —

— 個人筆記 —

— 個人筆記 —

— 個 人 筆 記 —

— 個人筆記 —

— 個人筆記 —

— 個人筆記 —

— 個人筆記 —

— 個人筆記 —

— 個人筆記 —

心靈方舟 0AHT0046

像小王子一樣反應與思考 Agir et penser comme Le Petit Prince

作者 史蒂芬·加尼葉（Stéphane Garnier）
譯者 何桂育
封面設計 Active Creative Design
內頁設計＆完稿 小草
企畫編輯 一起來合作
行銷主任 許文薰
總編輯 林淑雯

讀書共和國出版集團
社長 郭重興
發行人 曾大福
業務平臺總經理 李雪麗
業務平臺副總經理 李復民
實體暨網路通路組 林詩富、郭文弘、賴佩瑜、王文賓、周宥騰、范光杰
海外通路組 張鑫峰、林裴瑤
特販通路組 陳綺瑩、郭文龍
印務部 江域平、黃禮賢、李孟儒

出版者 方舟文化出版
發行 遠足文化事業股份有限公司
231 新北市新店區民權路108-2號9樓
電話：（02）2218-1417 傳真：（02）8667-1851
劃撥帳號：19504465 戶名：遠足文化事業股份有限公司
客服專線 0800-221-029
E-MAIL service@bookrep.com.tw
網站 www.bookrep.com.tw
法律顧問 華洋法律事務所 蘇文生律師
定價 360元
初版一刷 2023年4月

方舟文化讀者回函

方舟文化官方網站

國家圖書館出版品預行編目（CIP）資料
像小王子一樣反應與思考／史蒂芬·加尼葉（Stéphane Garnier）著；何桂育 譯.
-- 初版. -- 新北市：方舟文化出版：遠足文化事業股份有限公司發行，2023.04
256面；14.8×21公分
譯自：Agir et penser comme Le Petit Prince
ISBN 978-626-7095-85-0（平裝）
177.2 111019007